Kamakura

ひとり旅って、こんなに楽しい！
ソロタビ

solotabi

鎌倉・江の島

Enoshima

ひとりだから楽しい8のこと!

マークの見方

カウンター…カウンター席の有無
ベストタイム…ひとりで訪れるのに最適な時間
☎ 電話番号　住 住所　交 交通　料 料金　時 開館時間、営業時間　休 休み

ＭＡＰ記号の見方

レストラン・カフェ　ショップ　観光スポット　H 宿泊施設

8のこと!

四季の風景や御朱印集めを楽しむ寺社巡りに、
気の向くままに満喫できる和ランチ、甘味など
ひとりで楽しみたい鎌倉の魅力をお届けします。

Enjoy Kamakura 1

フォトジェニックな鎌倉を探しに出かけよう

彩り豊かな古都でぶらり花さんぽ

四季を通じて色とりどりの花々や紅葉が見られる鎌倉。見られる景色もさまざまで、バリエーション豊富。古都の魅力を引き立ててくれるスポットはコチラ。

薄桃色の花弁からのぞく
鎌倉一の"美男"とご対面

ソメイヨシノ
ヨウコウザクラ
3月下旬〜4月上旬

高徳院《こうとくいん》

長谷 MAP P123B2

与謝野晶子が「美男」とたたえた鎌倉大仏と桜のコラボ。約60本のソメイヨシノやヨウコウザクラが咲き、花々に包まれた大仏さまを拝観できる。観月堂前の桜も美しい。

DATA →P70

Solo Tabi Kamakura Enoshima

ひとりだから楽しい

荘厳な境内に舞い散る
華やかな花吹雪

建長寺《けんちょうじ》

ソメイヨシノ
シダレザクラ
3月下旬〜4月上旬

北鎌倉 MAP P114D3

三門へと続く参道沿いに、ソメイヨシノなどの桜並木が見られる。その数は境内に約100本。厳格な雰囲気を放つ古刹を染める花々は、ひときわ建造物を優美に見せる。

DATA →P54

水鏡に浮かぶ花筏と
幻想的な花の雲

鶴岡八幡宮《つるがおかはちまんぐう》

ソメイヨシノ
3月下旬〜4月上旬

鎌倉駅周辺 MAP P120B1

三ノ鳥居を抜けて東側に広がる、鶴岡八幡宮随一の桜の名所。源氏池にせり出す桜は、雲のように悠然と花々をつける。水面が花筏に覆われる光景も見事。

DATA →P8

ヤマアジサイ
セイヨウアジサイ
5月中旬～6月下旬

御霊神社《ごりょうじんじゃ》

長谷 MAP P123B3

鳥居の前の踏切付近は、線路沿いに咲くアジサイと江ノ電を写真に収めることができる撮影スポットとして有名。境内にも希少種を含む多彩なアジサイが咲き誇る。

DATA →P80

鎌倉文学館《かまくらぶんがくかん》

長谷 MAP P123B2

昭和11年（1936）に建てられた洋館の南側には、約200種250株のバラが咲き誇る。バラの中には「鎌倉」「静の舞」といった鎌倉ゆかりの名がつけられたものも。

DATA →P80

バラ
5月中旬～6月中旬
10月中旬～11月中旬

明月院《めいげついん》

北鎌倉 MAP P114C2

鎌倉屈指の人気を誇るアジサイ寺。石段の両側に群生する約2500株のアジサイは大半が在来種のヒメアジサイ。日ごとに深みを増す清冽な青は"明月院ブルー"とよばれる。

DATA →P58

ヒメアジサイ
6月上旬～下旬

鮮烈な赤が大伽藍を包む
壮大な色彩美に酔う

円覚寺

えんがくじ

北鎌倉 MAP P114C1

山門の裏手や居士林《こじりん》の前などフォトスポットが多い。頭上で幾層にも重なる重厚な紅葉が楽しめるのも広い境内ならでは。潮風の影響が少ないため、色が鮮やかなのも特徴だ。

DATA→P52

カエデ イチョウ
11月中旬～12月中旬

山門をひっそりと彩る
かわいい薄黄色の花々

ロウバイ
1月上旬～2月上旬

光則寺

こうそくじ

長谷 MAP P123B3

境内の山門や池の周辺でロウバイが見られる。新春に小ぶりな黄色い花を咲かせる。春にはカイドウ、初夏にはヤマアジサイが見られる鎌倉屈指の花寺としても有名。

DATA→P80

瑞泉寺

ずいせんじ

金沢街道 MAP P116D2

山々の紅葉が錦の屏風に似ていることから、錦屏山《きんびょうさん》の山号をもつ。境内には大木が多く、山門付近の紅葉は空を覆うかのよう。夢窓疎石が手がけた庭園も趣深い。

DATA→P66

カエデ
12月上旬～下旬

山肌に映える大木の紅が
錦屏風を思わせる

本宮(上宮)
ほんぐう(じょうぐう)

応神天皇、比《ひ》売《め》神《かみ》、神《じん》功《ぐう》皇后を祀る御社殿。現在の建物は文政11年(1828)に徳川家斉公により再建されたもので、若宮(下宮)とともに国の重要文化財に指定。

CHECK!
「八」の字に注目

扁額をよく見ると「八」の字に目があるように見える。これは、神の使いである鳩をモチーフにしたため。

本宮(上宮)へは長い大石段を上る

3つの社殿を連ねた流権現造が特徴的

Enjoy Kamakura 2

朱塗りの建造物が目を引く、優美な鎌倉のシンボル

壮麗な鶴岡八幡宮を参拝

今日に至るまで鎌倉の中心として鎮座し、街の変遷を見守ってきた神社へまずはお参りに。
源実朝公がその生涯を閉じるなど、数々の歴史の舞台となったスポットでは、往時に思いを馳せて歩いてみたい。

鶴岡八幡宮の神事を見学

流鏑馬神事 やぶさめしんじ

狩装束を身に着けた射手が馬で走りながら弓で的を射る神事。文治3年(1187)に頼朝公が催行したのが始まり。毎年9月14〜16日に行われる例大祭の最終日に奉納される。

献詠披講式 けんえいひこうしき

歌人としても有名な源実朝公を偲び、毎年3月下旬に行われる(要問合せ)。神前で昔ながらの衣装を着けた神職の方々が、実朝公の歌1首と公募の歌に節を付けて唱和し、献詠する。

季節の花をチェック!

桜 (3月下旬〜4月上旬)

源氏池の周りのソメイヨシノは池の水面に映えてひときわ華やか

ハス (7月下旬〜8月中旬)

源平池に咲く可憐なハスは源氏と平氏の旗色を表しているという

正月ぼたん (1月上旬〜2月下旬)

神苑ぼたん庭園は、本来春が見頃のボタンを冬に楽しめるのが魅力

鎌倉を代表する古社は、
源頼朝公が信奉した鎌倉幕府の宗社

鶴岡八幡宮
つるがおかはちまんぐう

鎌倉駅周辺 MAP P120B1

治承4年(1180)、源頼朝公が由比ガ浜周辺にあった由比若宮を現在地に遷して一族の守護神としたのが始まりだ。朱塗りの本宮(上宮)は国の重要文化財で、頼朝公や実朝公を祀った白旗神社など、源氏ゆかりのみどころも多数。境内は四季ごとの花々に彩られるので、季節を変えて訪れたい。

DATA ☎0467-22-0315 住 鎌倉市雪ノ下2-1-31 交 JR鎌倉駅東口から徒歩10分 料 拝観無料(宝物殿は200円) 時 6時〜20時30分 休 無休 ※楼門内は写真撮影不可

大石段の目の前に立つ。毎年4月に行われる鎌倉まつりでは「静の舞」を再現した舞が奉納される

舞殿《まいでん》

「下拝殿」ともよばれ、源義経を慕う静御前が、頼朝公に請われて舞を披露したと伝わる若宮廻廊跡に立つ。

白旗神社《しらはたじんじゃ》

源頼朝公の四男で鎌倉幕府3代将軍・実朝公を祀る。創建は正治2年(1200)で、学問成就や必勝祈願にご利益があるという。

北条政子が創建したといわれる神社

大銀杏《おおいちょう》

樹齢1000年といわれた御神木の大銀杏が2010年の強風によって倒伏した後、その根から芽生えた若木が育っている。

現在は残された親木と子イチョウが並ぶ

太鼓橋《たいこばし》

源氏池と平家池の間の参道に架けられ、勾配が30度もある弓状の橋。創建当時は朱塗りだったため、赤橋とよばれていた。渡ることはできない。

将軍家が参宮の際はここで輿を降りた

政子石《まさこいし》

源氏池に浮かぶ島に立つ旗上弁財天社の社殿裏手にある霊石。頼朝と政子の夫婦仲の良さから、夫婦円満のご利益があるという。

周囲は柵で囲まれている

\ ミュージアムが新たに登場 /

平家池の水面に映る南外観

鎌倉文華館
鶴岡ミュージアム

かまくらぶんかかん つるがおかみゅーじあむ

MAP P120A1

平家池のほとりに2019年6月に開館。モダニズムと日本の伝統が見事に融合している。

DATA → P42

段葛《だんかつら》

若宮大路の二ノ鳥居から鶴岡八幡宮まで約500m続く参道。道の両脇には桜が植えられている。

雨が降ってもぬかるまないよう1段高く作られている

写真提供:鎌倉文華館 鶴岡ミュージアム

Enjoy Kamakura 3

各店自慢の一品を目指してハシゴしよう

口福を届ける 和スイーツたち

あんみつ
750円
餡の甘さ、歯切れの良い寒天、黒蜜のコク、さらに赤エンドウの塩気のバランスが絶妙

かわいい見た目のあんみつに上生菓子、食感も楽しめるわらび餅や抹茶スイーツなど、鎌倉で見逃せない手作り和甘味をご案内。

無心庵
むしんあん

由比ガ浜 MAP P122C3

大正時代の木造建築が目を引く、江ノ電の線路に面した甘味処。江ノ電の心地よい走行音を聞きながら甘味の数々を味わえる。なめらかな餡や歯切れのいい寒天、コク深い黒蜜など、どれも味わい深い。

DATA ☎0467-23-0850 住鎌倉市由比ガ浜3-2-13 交江ノ電和田塚駅からすぐ 時10～17時 休木曜(祝日の場合は翌日)

築100年を超える民家を利用しているお店には、江ノ電の線路を渡って行く

和の趣が漂う店内でやさしい味わいの甘味を。畳スペースのほか、奥には椅子も配している

由比ガ浜 こ寿々
ゆいがはま こすず

由比ガ浜 MAP P122C3

元々はそば屋でのデザートとして作っていたわらび餅が人気で、甘味処をオープンし、提供してきた。本わらび粉とハス粉などをブレンドしたわらび餅はとろける舌ざわりと独特の弾力が特徴。おみやげに購入する人も多い。

DATA ☎0467-23-1192
住鎌倉市由比ガ浜3-3-25
交江ノ電和田塚駅から徒歩2分
時10時30分～17時30分LO
休月曜(祝日の場合は翌日)

店内は和モダンで明るい雰囲気

瓦屋根が目印の純和風な建物

あずきわらび
660円
つぶ餡と自家製の抹茶蜜がかかったわらび餅は、やわらかすぎず、モチモチと強い弾力

わらび餅550円。沖縄・波照間島の黒糖を使ったコクのある黒蜜との相性が抜群

宇治抹茶
ティラミス 715円
抹茶の下にとろっと
なめらかなティラミス
クリームがたっぷり。
器は檜の升を使用

もみじ茶屋 鎌倉御成通り

もみじちゃや かまくらおなりどおり

鎌倉駅周辺 MAP P119A3

京都の老舗「森半」の抹茶を使ったスイーツが評判の和カフェ。宇治抹茶ティラミスはマスカルポーネチーズのまろやかな甘さと抹茶のほのかな苦味が絶妙。

DATA ☎0467-60-4316 住 鎌倉市御成町10-2メゾン鎌倉1階 交 JR鎌倉駅西口から徒歩2分 時 10～18時(季節により変動あり) 休 無休

広々とした店内。午前中での利用がおすすめ

茶寮 手毬

さりょう てまり

長谷 MAP P123B4

和菓子作家の御園《みその》井《い》裕子《ゆうこ》さんが営む店。練り切りとよばれる白餡を使用した美しい上生菓子をお茶とともに味わいたい(季節の上生菓子セット1500円)。色鮮やかで芸術的な和菓子は、海外からの注目度も高い。 DATA ☎080-4132-4525 住 鎌倉市坂ノ下28-35 交 江ノ電長谷駅から徒歩9分 時 11～16時 休 体験教室開催日の水・金～日曜、祝日のみ営業

坂ノ下の路地の一角にある。茶寮と教室が開かれる工房が隣接

手毬
各500円
御園井裕子さんのアイコンのような練り切り。手作りの生地でやさしい甘さを実現

あかねパーフェクト
1100円
手作り寒天に煮小豆、白玉、抹茶アイスをのせ、沖縄黒蜜と素精糖で作る黒蜜を使用

甘処あかね

あまどころあかね

鎌倉駅周辺 MAP P120B3

三温糖と北海道産大納言で炊きあげた「煮小豆」が評判。木べらを使わずに炊くことで、しっかりした小豆の食感を残している。あかねパーフェクトなどの甘味で堪能しよう。

DATA ☎0467-23-0667 住 鎌倉市小町2-10-10 交 JR鎌倉駅東口から徒歩4分 時 13時～16時30分(土・日曜、祝日は12時～) 休 木曜(祝日の場合は営業)

カウンターわずか10席のみの甘味処。知る人ぞ知るお店だ

くずきりみのわ

鎌倉駅周辺 MAP P119B2

昭和46年(1971)創業の甘味処。奈良の老舗・井上天極堂の本葛粉を使い、昔ながらの製法で仕上げるくずきりは、ツルリとした食感がクセになる逸品。

DATA ☎0467-22-0341 住 鎌倉市佐助2-6-1 交 JR鎌倉駅西口から徒歩12分 時 10時15分～16時30分LO 休 月・火・木・金曜(祝日の場合は翌日)、ほか定休日あり※要問合わせ

四季折々の花々が咲く庭園を眺めながら楽しもう

くずきり
920円
黒蜜で味わうくずきりは弾力があり、つるんとした食感。できたては透明感が際立つ

Enjoy Kamakura 4

鎌倉散策のブレイクタイム。今の気分に合わせてお店を選ぼう

ガーデンカフェ & 海カフェ

鎌倉での移動は徒歩がメインなので、ひと息つける場所を事前にプランに組み入れておきたい。
すがすがしい緑に癒やされるもよし、海を望むテラス席で開放感に浸るのもよし。優雅なカフェタイムを過ごそう。

ガーデンカフェ

人で賑わう通りから少し足をのばして、豊かな緑に囲まれた別世界のようなカフェへ

クリームティー(スコーンと紅茶のセット)1200円。自家製のスコーンを紅茶と一緒に味わう。飲み物は紅茶のほかコーヒー、ハーブティーを用意

木々の緑に抱かれて
心癒やされるカフェタイム

GARDEN HOUSE

がーでん はうす

鎌倉駅周辺 MAP P119A3

築50年を数えるアトリエをリノベーション。庭園にはテラス席やガーデン席が備わり、癒やしのひとときを過ごせる。地産地消グルメのピッツァをはじめ、パンケーキなどの手作りスイーツと一緒に。

DATA ☎0467-81-5200 住 鎌倉市御成町15-46 交 JR鎌倉駅西口から徒歩4分 時 9～21時LO 休 不定休

バナナ＆ウォルナッツのバターミルクパンケーキ1400円

ガーデン席が一番人気。ちょうど頭上に木々が伸びており、木陰で憩うような雰囲気

英国式庭園で
優雅なティータイム

石窯ガーデンテラス

いしがまがーでんてらす

金沢街道 MAP P116C3

浄妙寺(→P63)境内にあり、ドイツ人建築家が大正11年(1922)に建てた洋館を改装。テラス席や店内席からイギリス人ガーデンデザイナーが手がける庭園を楽しむことができる。アフタヌーンティーが人気。

DATA ☎0467-22-8851 住 鎌倉市浄明寺3-8-50 交 JR鎌倉駅東口から京急バス鎌倉霊園正門前太刀洗行きなどで8分、浄明寺下車、徒歩5分 時 10～16時LO 休 月曜
※入店には浄妙寺拝観料100円が必要

ガーデングッズやかわいい小物を揃えるショップ

本日のパスタ(サラダ、パン、ドリンク付き)2500円

パラソルが立てられたテラス席が人気。目の前には四季折々の草花が楽しめるナチュラルガーデンを望む

まだあるガーデンカフェ スターバックス コーヒー 鎌倉御成町店(→P41) cafe kaeru(→P65)、茶房空花(→P79)

海カフェ

目の前に海が広がる絶好のロケーションで、おいしい料理やスイーツとともにひと休み。

3階にあるため高い目線で相模湾を一望できる。晴天時には、伊豆半島も望め、美しい夕焼けも見られる

インテリアはカリフォルニアのビーチハウスをイメージしている

レインボーブレッドのエッグベネディクトオープンサンド1375円。カラフルなパンに厚切りベーコンとポーチドエッグを添えて食べる

リゾート気分に浸りながら
地元食材を使った多国籍料理を

POST by HONEY《ぽすと ばい はにー》

材木座 MAP P121A3

女性ファッション誌『HONEY』がプロデュースしたカフェレストランで、材木座海岸沿いに立つ複合施設「材木座テラス(→P47)」内にある。三浦野菜や鎌倉近郊の魚を使ったニューアメリカンフードが自慢。

DATA ☎0467-61-1450 住 鎌倉市材木座5-8-25 材木座テラス3階 交 JR鎌倉駅東口から徒歩20分 時 8〜21時LO(季節により変動あり) 休 12〜3月の水曜

湘南の海岸線を一望できる
高台の絶景カフェ

Café Madu 江の島店《かふぇ までぃ えのしまてん》

江の島 MAP P125B3

江の島の高台という立地を生かし、広々としたテラス席はもちろん、窓を大きく取った店内からも湘南の海を一望できる。シラスのパスタや鎌倉野菜のカレーなど、多彩なメニューが揃う。

DATA ☎0466-41-9550 住 藤沢市江の島2-6-6 交 江ノ電江ノ島駅から徒歩30分 時 11〜18時(季節により変動あり) 休 不定休

ジャポネ1000円〜。ベリーのジャムやイチゴ、小豆、ホイップなど、和洋の味覚が融合したクレープ。ドリンクセットは1300円

緑と潮風が心地よいウッドデッキのテラスから海を見下ろすことができ、気分爽快!

鎌倉方面の海岸線を一望できる、開放感満点のテラス席は本店のここならでは

湘南の海岸線を眺めながら
絶品フレンチトーストを

LONCAFE《ろんかふぇ》

江の島 MAP P125B3

日本で最初といわれるフレンチトースト専門店として2003年にオープンし、今では鎌倉小町通りや中目黒にも進出するほどの人気を誇る。外がカリッとした食感のフレンチトーストは、一度食べればクセになる。

DATA ☎0466-28-3636 住 藤沢市江の島2-3-28江の島サムエル・コッキング苑内 交 江ノ電江ノ島駅から徒歩30分 時 11〜20時(土・日曜、祝日10時〜) 休 不定休 ※江の島サムエル・コッキング苑の入苑料別途必要

濃厚クリームブリュレ1598円(ドリンクセット)。バーナーで表面をパリッと焼いたクリームブリュレをフレンチトーストにトッピング。店で一番の人気メニュー

まだある海カフェ Pacific DRIVE-IN(→P86)、bills 七里ヶ浜(→P86)、アマルフィイ デラセーラ(→P87)、iL CHIANTI CAFE 江の島(→P96)

Enjoy Kamakura 5

五感を研ぎ澄まして堪能すべき逸品揃い

鎌倉で食べたい和食ランチ

素材の味を生かした料理をじっくり味わって

選りすぐりの食材を生かした見た目も華やかなお皿や、シンプルながらも奥深い味わい料理など、ひとりで楽しみたいランチをセレクト。

厳選した自然の食材を使用した見目麗しいオーガニック和食

Umi鎌倉《うみかまくら》

長谷 MAP P123A4

日本料理の伝統的な技術を継承したシェフが作り出すシンプルな和食が好評。食材のなかには由比ガ浜の漁師や鎌倉の契約農家から届くものも。自家製の味噌だれやごまだれなどもすべて無添加というこだわりだ。ランチの時間の予約もできる。

DATA ☎0467-40-5960 ㊟鎌倉市極楽寺2-1-19 ㊦江ノ電極楽寺駅から徒歩2分 ㊐11～15時LO、17時30分～20時30分LO ㊡火曜

お店の建物は築80年以上の古民家をリノベーションした

Umiランチ 2530円

有機野菜とニューカレドニア産・天使のエビの蒸し物を中央に据えた八寸を中心に、先付けの野菜、酵素玄米、汁物でさまざまな食材と味わいを楽しめる

鎌倉 1620円

メインは鎌倉野菜をたっぷり使ったものを中心に7品から選ぶ（写真は鎌倉野菜と鶏唐揚げのみぞれ煮）

地元食材を巧みに生かすオリジナルの鎌倉料理

創作和料理「近藤」《そうさくわりょうり こんどう》

鎌倉駅周辺 MAP P120B1

地元食材にこだわった料理が評判。低温スチームや真空調理、急速冷却などの特殊な調理法を用いて、素材を生かした創作料理を提供している。おかず3品にご飯と味噌汁が付いた「鎌倉」が人気だ。

『料理の鉄人』などにも出演した近藤料理長が腕をふるう店

DATA ☎0467-25-0301 ㊟鎌倉市雪ノ下1-8-36津多屋ビル1階-3号 ㊦JR鎌倉駅東口から徒歩8分 ㊐11時30分～14時30分LO、17時30分～20時30分LO ㊡水曜、第2木曜（祝日の場合は翌日）

玉子焼御膳 1350円
卵を4つ使って焼き上げる玉子焼は、ほんのり甘いだしがジュワッと口の中に広がる。ご飯と味噌汁付き

職人技がキラリと光る
だしたっぷりのフワフワ玉子焼

玉子焼おざわ

たまごやきおざわ

鎌倉駅周辺 MAP P120A3

小町通りの路地裏にある小さな玉子焼専門店。門外不出の秘伝のだしを使用した厚焼き玉子が名物で、独特のフワフワ感を求めて、平日にも行列ができるほど。おみやげ用玉子焼1300円も好評だ。

座敷とカウンター席を備えるこじんまりとした店内

DATA ☎0467-23-5024 ㊟鎌倉市小町2-9-6 2階 ㊝JR鎌倉駅東口から徒歩5分 ㊕11時30分～16時30分LO ㊡日曜、祝日

野菜の色、香りを生かした
滋味深い和食を味わう

なると屋+典座

なるとやぷらすてんぞ

鎌倉駅周辺 MAP P120A3

旬の野菜をたっぷり使った創作和食を提供。メニューは今月のごはん、葛とじうどん、惣菜3品付きの葛とじうどんの3種類を毎日用意している。店主のイチカワヨウスケさんは、野菜料理教室の開催なども行う。

DATA ☎0467-23-7666 ㊟鎌倉市小町1-6-12 寿ビル2F ㊝JR鎌倉駅東口から徒歩3分 ㊕11時30分～14時30分LO、18時～20時30分LO ㊡火曜、第2・4水曜

カウンター席も備えている、和風モダンでシックな店内

今月のごはん 1760円
ご飯、小鉢、汁物など鎌倉野菜をふんだんに使い、見た目も楽しい6品が揃う ※写真は2019年11月のメニュー

滋味あふれる味わいの
鎌倉名物けんちん汁が看板

鎌倉五山

かまくらござん

北鎌倉 MAP P114C2

建長寺(→P54)に由来するけんちん汁の発祥といわれる店。かつおだしでじっくりと煮込んだ大根やゴボウなどの8種の野菜が入り、やさしい味わいのけんちん汁が看板料理。繁忙期は予約が望ましい。

DATA ☎0467-25-1476 ㊟鎌倉市山ノ内1435 ㊝JR北鎌倉駅から徒歩7分 ㊕10～15時 ㊡無休(1・7月に休みあり)

昭和61年(1986)にオープン。落ち着いた雰囲気の店内

紫陽花セット 1100円
看板料理のけんちん汁に菜の花のおひたしと、7種の具材の炊き込みご飯が付いている

店主渾身の手打ちそばに
シラスの風味をプラス

梵蔵 自家挽工房

ぼんぞう じかびきこうぼう

材木座 MAP P121B3

店主が対話をするように丹誠込めて打ち上げるのは、味や香りといったそば本来の魅力を引き出した細切りの十割そば。そばツユも付くが、最初の一口は塩とわさびを添えて、風味そのものを堪能したい。

DATA ☎0467-73-7315 ㊟鎌倉市材木座3-17-33 ㊝JR鎌倉駅東口から京急バス新逗子駅行きで5分、九品寺下車、徒歩1分 ㊕11時30分～14時30分LO、18時～20時30分LO(夜は完全予約制) ㊡水曜

鎌倉野菜としらすの蕎麦 1705円
そばツユを直接かけて味わうぶっかけタイプ。そばとシラス、鎌倉野菜が見事にマッチ

Enjoy Kamakura 6

鳩サブレー&クルミッ子。鎌倉みやげの代表格を扱うお店を訪れる

人気2大銘菓の本店ガイド

長年愛され続けている鎌倉定番みやげ、鳩サブレーとクルミッ子をご紹介。
いずれも本店は鎌倉駅に近く、オリジナルグッズの販売や、スイーツが人気の直営カフェなど話題も豊富だ!

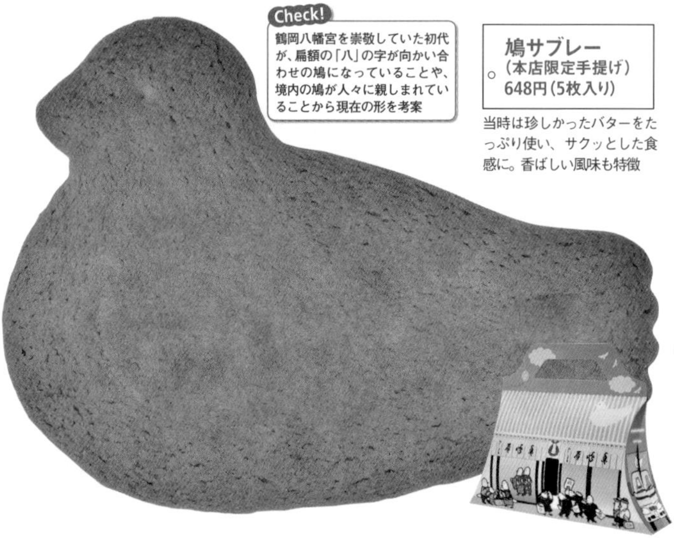

Check!
鶴岡八幡宮を崇敬していた初代が、扁額の「八」の字が向かい合わせの鳩になっていることや、境内の鳩が人々に親しまれていることから現在の形を考案

鳩サブレー
(本店限定手提げ)
648円(5枚入り)

当時は珍しかったバターをたっぷり使い、サクッとした食感に。香ばしい風味も特徴

「おいしい」と「かわいい」の二重奏

豊島屋 本店

としまや ほんてん

鎌倉駅周辺 MAP P120B3

明治27年(1894)創業。当初は瓦せんべいが看板商品だったが、創業間もなく鳩サブレーの製造を開始すると、徐々に鎌倉を代表する銘菓へ。製造も販売も目の届く範囲にとどめたいという思いから、店舗は神奈川と東京のみ。

DATA ☎0467-25-0810 ㊟鎌倉市小町2-11-19 ㊋JR鎌倉駅東口から徒歩5分 ㊐9～19時 ㊡水曜不定休

クルミッ子
1166円(8個入り)

クルミ入りの自家製キャラメルをバター生地でサンド。香ばしさと深みのある甘さが◎

Check!
スイスの伝統菓子「エンガディナー」から着想を得て、鎌倉にすむリスのイメージとかけ合わせて誕生。リスの好物であるクルミがたっぷりと練り込まれている

和洋イイトコどりの至高スイーツ

鎌倉紅谷 八幡宮前本店

かまくらべにや はちまんぐうまえほんてん

鎌倉駅周辺 MAP P120B1

鶴岡八幡宮の門前に本店を構える和洋菓子店で、昭和29年(1954)創業。初代は和菓子職人で、先代が洋菓子職人だったことから、和洋双方の素材や技術を生かした菓子が豊富に揃う。「クルミッ子」のパッケージのかわいさも話題。

DATA ☎0467-22-3492 ㊟鎌倉市雪ノ下1-12-4 ㊋JR鎌倉駅東口から徒歩7分 ㊐9時30分～17時30分(土・日曜、祝日は～18時) ㊡無休

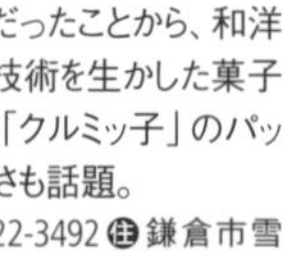

直営のカフェをチェック!

トラディショナルプリン300円。キャラメルソースたっぷりのプリンの上には生クリーム。ハート形のお皿で提供

豊島屋洋菓子舗 置石《としまやようがしほ おきいし》

MAP P120B3

パティシエが作るエクレアや生ケーキなど洋菓子を販売。かわいい鳩をあしらったトラディショナルプリンなどが人気。

DATA ☎0467-22-8102
住鎌倉市小町2-15-5
交JR鎌倉駅東口から徒歩5分
時10時30分～18時30分(カフェは18時LO)
休水曜(祝日の場合は営業)

あん蜜800円。濃厚な味わいの黒みつとさっぱりした白みつから選べる。中央には鳩形の菓子も

豊島屋菓寮 八十小路《としまやかりょう はとこうじ》

MAP P120B3

手作りの甘味を提供する店。紅白の白玉が美しいあん蜜や、注文を受けてから作る本わらび餅800円など、手間ひまかけたスイーツが味わえる。

DATA ☎0467-24-0810
住鎌倉市小町2-9-20
交JR鎌倉駅東口から徒歩3分
時11～17時(土曜11時30分～17時30分)
休水曜(祝日の場合は営業)

まだある! おすすめみやげ

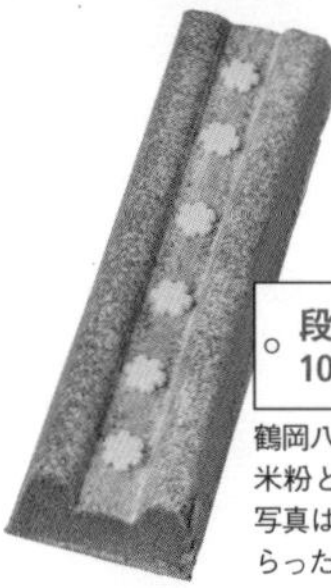

段葛
1080円(1棹)

鶴岡八幡宮の段葛を玄米粉と大島羹で表現。写真は雪の結晶をあしらった冬期版

小鳩豆楽(赤・白)
1296円(2缶入り)

立体的な鳩の形の落雁。豆粉と和三盆を使用。商品名は"マメに楽しく"の意がある

鎌倉五山
1944円(20個入り)

建長寺や円覚寺などの"鎌倉五山"の釣鐘を、玄米茶、黒豆茶、煎茶、ほうじ茶、抹茶の餡で表現

鳩クリップス
650円

文具のなかでも人気の鳩形クリップ。ケースとクリップの色は不定期に変わる

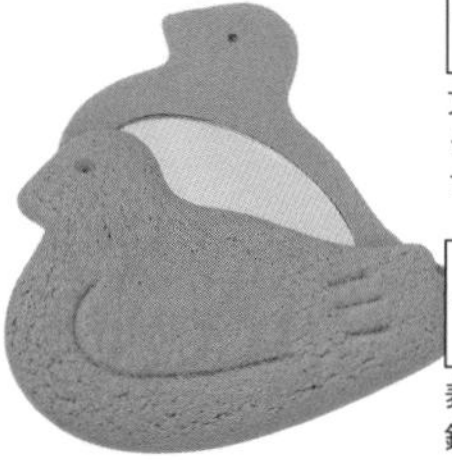

鳩妻鏡(ハトミラー)
1000円

表をずらすと等倍鏡、裏をずらすと3倍拡大鏡に。柄も表裏で異なり、キュート

直営のカフェをチェック!

1 デセール・クルミッ子935円。クルミッ子のキャラメル、プラリネをベースにしたムースなどをサブレ生地で挟んだ 2 クルミッ子・パフェ1100円。コーヒージュレやチョコムースなどの上に、「クルミッ子」の切り落としとリスのクッキーが

2

Salon de Kurumicco《さろん ど くるみっこ》

MAP P120B1

クルミッ子をあしらったフォトジェニックなパフェやケーキを揃え、女性から高い支持を得ている。ドリンクはコーヒーや紅茶のほか、ワイン880円～などアルコールも充実している。

DATA ☎0120-36-9635 住 交 鎌倉紅谷 八幡宮前本店の2階 時9時30分～17時(月曜13時～、土・日曜、祝日～17時30分)LOは各30分前 休金曜

1

まだある! おすすめみやげ

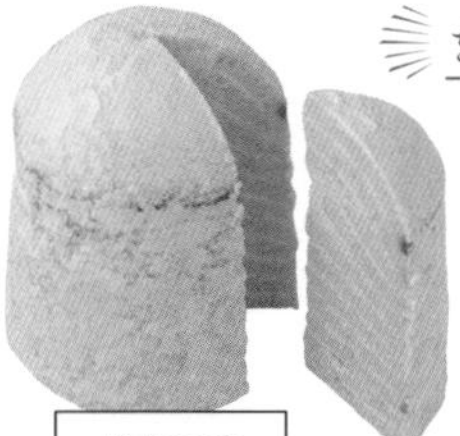

鎌倉の鐘
648円

スポンジ生地に口どけのいいバタークリームをサンド。鐘に積もる雪をイメージ

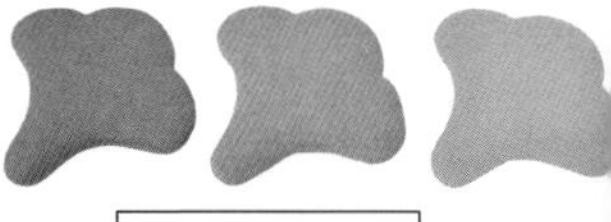

鎌倉だより
540円(6枚入り)

あずき、抹茶、プレーンの3種類のクッキー。創業時から販売している定番商品

トートバッグ
825円(S)、1210円(M)

リスくんがプリントされたトートバッグ

マスキングテープ
1個418円

「クルミッ子」「鎌倉だより」などのアイコンが入っている

薬師三尊像とそれらを守る十二神将立像。多彩な魅力を持つ仏像を多数展示

Enjoy Kamakura 7

貴重な文化財を拝観しながら、鎌倉の歴史と芸術にふれよう

鎌倉国宝館で学ぶ古都の美

鎌倉時代に多くの仏教宗派が興隆し、現在も数多くの寺社が立ち並ぶ古都・鎌倉。寺社の所有する貴重な宝物を保管・展示しているのが鎌倉国宝館。中国や禅宗文化の影響を受けて生まれた鎌倉文化の芸術品を拝見。

Check 1

美しい螺鈿や鎌倉彫に魅了

工芸品

中国文化の影響を受け、細やかな螺鈿装飾や鎌倉彫の工芸品が鎌倉・室町期に生まれた。

籬菊螺鈿蒔絵硯箱

●まがきにきくらでんまきえすずりばこ

菊花や小鳥の螺鈿装飾が華やか

源頼朝が後白河上皇から下賜されたと伝わる硯箱。鎌倉時代の蒔絵や螺鈿のすぐれた技術を伝える傑作。国宝。

《鶴岡八幡宮蔵》

獅子の生き生きとした表現が見事

鎌倉彫獅子牡丹文硯台

●かまくらぼりししぼたんもんけんだい

鎌倉彫は鎌倉時代に仏具から発展した。室町時代の鎌倉彫の硯台で、牡丹の花と獅子が大胆な構図で彫られている。

《鎌倉国宝館蔵》

鎌倉文化を代表する
寺社の宝物をまとめて鑑賞

鎌倉国宝館

かまくらこくほうかん

鎌倉駅周辺 MAP P118D2

鎌倉の社寺の貴重な宝物類を災害などから保護する目的で、昭和3年(1928)に開館。仏像や絵画、工芸、古文書など、国宝・重要文化財を含む約5000点を収蔵し、展示も行っている。鎌倉～室町時代の制作、あるいは同時期に中国(宋・元)から伝来した仏教芸術を数多く所蔵する。

DATA ☎0467-22-0753 住鎌倉市雪ノ下2-1-1 交JR鎌倉駅東口から徒歩12分 料300～600円(展覧会により異なる) 時9時～16時30分(入館は～16時) 休月曜(祝日の場合は翌平日)、展示替え期間など

弁才天坐像

●べんざいてんざぞう

弁才天は音楽の神とされる仏教の守護神で、室町時代以降は福徳をもたらす神として信仰された。裸体に実物の衣装をまとう。《鶴岡八幡宮蔵》

薬師三尊像

●やくしさんぞんぞう

十二神将立像と一群を成して辻薬師堂に安置されていた。素朴な作風の一木造りの薬師如来像は平安後期作。両脇侍は江戸時代の作。《鎌倉国宝館蔵》

Check **2**

鎌倉彫刻の多彩な仏像

仏像

禅宗文化の影響が色濃く、地方色を感じる鎌倉の仏像。京都・奈良とは異なる風情を楽しもう。

初江王坐像

●しょこうおうざぞう

初江王とは冥界で亡者を裁く十王の一尊。運慶の流れと宋風の特徴が混在し、鎌倉彫刻の名作とされる。
《円応寺蔵》

韋駄天立像

●いだてんりゅうぞう

禅寺の庫裏などに祀られる守護神。仏舎利(仏の遺骨)を盗んだ鬼を走って捕らえたことから俊足とされる。鎌倉期の作。《浄智寺蔵》

十二神将立像

●じゅうにしんしょうりゅうぞう

薬師如来を護衛する12の武神。12の方角を示す干支の名が付いている。卯、未、申、亥の4軀は江戸期作。残りの8軀は鎌倉時代の作。《鎌倉国宝館蔵》

お気に入りの
仏像を探してみて!

Enjoy Kamakura 8

神仏とつながった証しをお持ち帰り

御朱印&お守りコレクション

アーティスティックな御朱印からかわいいお守りや御朱印帳まで、鎌倉の寺社での授与品をご紹介。より思い出深い鎌倉の旅になること間違いなし!

力強く豪快な筆遣いで書かれている「十王」の文字は、迫力満点

●円応寺→P59

かつては鹿が奉納され「大塔宮神鹿」として親しまれていた

●鎌倉宮→P67

寺社の個性がキラリ

御朱印

大胆かつ繊細な筆遣いによる墨書と、個性的な押し印が織りなす御朱印は、もはや美しいアートのようだ。

銅造阿弥陀如来坐像、通称「鎌倉大仏」本尊の御朱印

●高徳院→P70

辺津宮、中津宮、奥津宮の3宮総称の基本となる御朱印。朱印所は辺津宮の奉安殿の向かいにある

●江島神社→P92

本宮でのお参り後、大石段を降りたところにある祈祷受付で授かる

●鶴岡八幡宮→P8

御朱印授与のマナー!
まずは必ずお参りへ

御朱印とは、神社やお寺に参拝した証しとして授けられるもの。まずは本堂や拝殿にお参りしてからいただこう。300～500円のお納めが必要なので小銭の用意を。

縁結びにご利益のある神社。右上の鶴丸の印がご縁を運んでくれそう

●葛原岡神社→P43

霊水を想起させる流れるような筆跡。中央には社紋の印が

●銭洗弁財天 宇賀福神社→P38

眺めるだけでも楽しい

御朱印帳

持っているだけで、気分を上げてくれる色彩豊かな御朱印帳。寺社の個性がでているデザインにも注目。

人気撮影スポットの江ノ電と鳥居の風景が御朱印帳に。1400円
●御霊神社→P80

表紙には長谷寺名物のアジサイをデザイン。御朱印料込みで1800円
●長谷寺→P72

表紙には本宮、裏面には段葛の風景をあしらった御朱印帳。1700円
●鶴岡八幡宮→P8

デザインやカラーバリエーションが豊富な御朱印帳。2000円
●葛原岡神社→P43

名所の竹庭をデザイン。裏面には足利家と同じ引両紋も。1200円
●報国寺→P62

波と江島神社越しの富士山が描かれた御朱印帳。2000円
●江島神社→P92

金色で大仏が描かれたタイプのほか、5タイプを用意。1200円
●高徳院→P70

かわいいものがズラリ

お守り

動物や花などをモチーフにしたキュートなお守りたち。身につけていれば、運もテンションも上がりそう。

小槌鈴
300円

打ち手の小槌の形をした根付。鈴の音が福徳を招いてくれるとか
●銭洗弁財天 宇賀福神社→P38

小型守
各300円

縁結守、健康守、長寿守、学業合格守などがある
●佐助稲荷神社→P39

うさぎ守り
500円

飛んで跳ねてツキをよぶ、ウサギの根付。縁結びのご利益もあるそう
●明月院→P58

願叶う守
600円

十(10)分ご(5)利益があるようにとイチゴ(15)を模したお守り
●長谷寺→P72

福きんちゃく守
700円

巾着の中に小判や鯛、熊手など、所願を叶えるお守りが入っている
●光明寺→P48

なす守り
500円

ナスの形をした鈴のお守り。諸願成就にご利益があるのだとか
●安養院→P48

折鶴叶守
1000円

鶴岡の名にちなみ折り鶴をかたどったお守りで、幅広く願いを叶えるという
●鶴岡八幡宮→P8

心むすぶ守り
各500円

恋文に最も多い折り方・結び文の形をしたお守り
●円覚寺→P52

鳩鈴守
各1000円

鶴岡八幡宮の神の使い、鳩形の鈴のお守り。イチョウの葉のモチーフ付き
●鶴岡八幡宮→P8

鎌倉・江の島ソロタビプラン①

鎌倉駅周辺&北鎌倉&金沢街道

古都プラン

ソロタビだから行きたいところにGO!
まずは鶴岡八幡宮・鎌倉駅を拠点にして、
古都・鎌倉を代表する名刹が集まる北鎌倉と
景観美を誇る寺社が多い金沢街道を巡る。

8:30

鎌倉駅周辺で朝ごはんタイム

鎌倉散策の前においしい朝ごはんでエネルギーをチャージしよう。「朝食屋 COBAKABA」では、こだわりの食材で作る和定食を提供。

徒歩10分

9:30

鎌倉のシンボル 鶴岡八幡宮を参拝

源氏の守護神を祀る鎌倉を代表する神社。国の重要文化財や源氏ゆかりの社殿など、午前中の静かなうちに、ゆっくり散歩してみよう。

境内にある鎌倉国宝館

徒歩15分。または鎌倉八幡宮前バス停から江ノ電バス大船駅行きなどで2分、建長寺下車徒歩すぐ

10:30

日本初の禅宗道場 建長寺を訪れる

建長5年(1253)北条時頼により創建された。臨済宗建長寺派の大本山で、鎌倉五山第一位のお寺。「建長汁(けんちん汁)」の発祥地としても知られている。

毎日実施している写経体験にもトライしてみよう

徒歩5～10分

11:30

北鎌倉でお昼ごはん。野菜たっぷりの料理に舌鼓

趣深い食事処でランチ。鎌倉名物のけんちん汁(写真右)、鎌倉野菜を使ったスープカレー(写真左)などから気分にあわせてチョイスしよう。

鎌倉野菜をご賞味あれ!!

徒歩5～10分

12:30 広大な境内をもつ円覚寺を散策

JR北鎌倉駅から横須賀線で2分、鎌倉駅下車、京急バス鎌倉霊園正門前太刀洗行きで8分、浄明寺下車、徒歩3分

鎌倉幕府の8代執権北条時宗が弘安5年（1282）に創建。夏目漱石『門』や川端康成『千羽鶴』など、多くの文学作品の舞台にもなっている。

境内には甘味処もある

14:30 自然の音が心地よい報国寺の竹庭を散策

徒歩5〜10分

建武元年（1334）に足利家時の開基と伝わる臨済宗の古刹。本堂の奥には、約1000本の孟宗竹が天高く伸びる、鎌倉随一の竹庭が広がる。

竹林を眺めながら、お抹茶で休憩

15:30 閑静な街並みに溶け込む金沢街道のカフェで憩う

浄明寺バス停から京急バス鎌倉駅東口行きで6分、八幡宮下車徒歩すぐ

観光客が比較的少ない分、落ち着いた雰囲気のある金沢街道エリア。ロケーションを生かしたガーデンカフェや隠れ家のようなカフェが点在している。

お店こだわりのスイーツで心が満たされる

17:00 小町通り&若宮大路で鎌倉みやげを探す

徒歩5〜10分

老舗菓子店の定番みやげから、鎌倉モチーフの雑貨まで、鎌倉一賑わう通りには多彩なおみやげが集まるので、じっくり選びたい。

鳩サブレーは鎌倉みやげの大定番

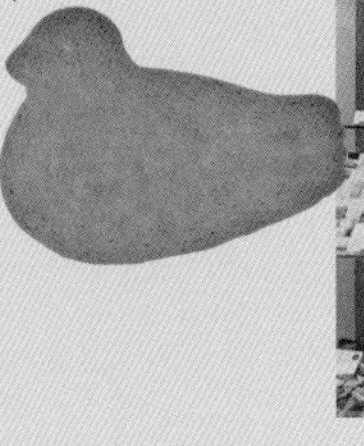

18:00 鎌倉駅

鎌倉・江の島ソロタビプラン②

由比ガ浜・長谷&
稲村ガ崎・七里ガ浜

絶景プラン

路線バスと江ノ電で海沿いのエリアを巡る。
鎌倉の文学にふれ、大仏さまを拝観したあとは、
江ノ電沿線の海街を存分に楽しもう。
近年注目度アップのローカルエリアも見逃せない。

9:30

御成通りで朝カフェタイム

鎌倉駅西口から南に延びる御成通りには、地元の人御用達の老舗喫茶店や、おしゃれなカフェが立つ。

徒歩20分。または六地蔵バス停から京急バス大船駅行きなどで3分、海岸通り下車徒歩3分

10:30

鎌倉文学館で文士の足跡をたどる

300人を超える鎌倉ゆかりの作家たちの直筆原稿や手紙、愛用品などを展示している。建物は洋館でありながら、随所に和風の意匠も見られる。

文学者たちの直筆原稿は必見

徒歩10分。または海岸通りバス停から京急バス大船駅行きなどで4分、大仏前下車徒歩すぐ

11:30

高徳院に鎮座する鎌倉大仏に圧倒される

鎌倉で唯一の国宝仏である鎌倉大仏。天災による倒壊と再建を繰り返し、室町時代に現在の露坐姿になった。春は大仏さまと桜の競演が見もの。

境内に奉納された大仏さまの大藁草履も迫力満点だ

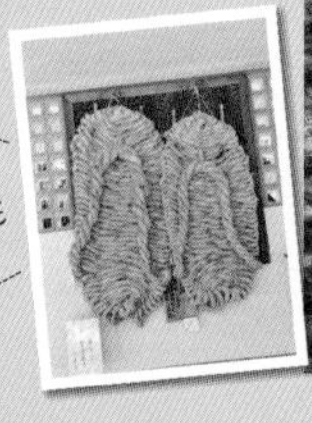

徒歩10分

12:30

絵になるスポットを巡りながら長谷寺をおさんぽ

開創は天平8年（736）。アジサイをはじめ、境内には一年中花々が咲くほか、キュートな良縁地蔵や相模湾を見渡せる見晴台など見どころがたくさん。

見晴台から街と海を一望

徒歩3〜15分

13:30 建物やロケーションも素敵。長谷通り周辺でランチ

高徳院から長谷駅を結ぶ長谷通り沿いのお店で昼食を。長谷駅から5〜10分ほど歩いて坂ノ下や極楽寺駅近くのお店に行くのも◎。

長谷駅から
江ノ電
藤沢駅行きで
5分、
稲村ヶ崎駅
下車

長谷寺の境内にある
食事処もオススメ

14:30 稲村ガ崎〜七里ガ浜で江ノ電沿線途中下車さんぽ

稲村ガ崎公園から江の島や富士山の眺めを楽しんだり、七高通りで海と江ノ電のベストショットを狙ってみたりしながら、海街を巡ってみよう。

徒歩20分

七高通りは定番の
絶景スポット

15:30 七里ヶ浜駅周辺のショップ巡り

江ノ電七里ヶ浜駅周辺で、湘南テイストの雑貨を扱うお店や、かわいらしいお菓子が揃うドルチェへ。海辺で楽しめるテイクアウトグルメもある。

徒歩3分

海街ならではの
おみやげも

16:30 七里ヶ浜駅から江ノ電で鎌倉駅か藤沢駅へ戻る

時間があればここにも行きたい!

大町・材木座エリアで鎌倉通も注目のお店へ

大町・材木座は比較的静かなローカルエリアだが、趣深い雑貨を扱う文具店や、人気急上昇中のドーナツ店など、話題のショップが点在している。住宅街を抜けると海岸沿いに材木座テラスが見えてくる。セレクトショップで買い物をしたり、海を望むカフェで食事をしたりして、気ままに過ごしたい。

思わず欲しくなる
キュートなものたち

鎌倉・江の島ソロタビプラン③

江の島 まるごとプラン

海の幸を生かした海鮮丼やテイクアウトグルメを楽しみつつ、江の島の観光スポットを巡ろう。散策の休憩は、ぜひ海が見渡せるカフェで。最後は自然が織りなす絶景に心癒やされたい。

10:00 鎌倉駅から江ノ電に乗車する

車窓風景を楽しみながら、江ノ島駅へ。稲村ヶ崎駅～腰越駅間は海沿いを走り、目的地の江の島も見える。

江ノ島駅まで約23分、江の島弁財天仲見世通りまで徒歩15分

10:40 江の島弁財天仲見世通りを散策

島の入口から江島神社まで続くメインストリート。約200mに食事処やテイクアウトグルメのお店、みやげ店などが軒を連ね、賑わっている。

あさひ本店の丸焼きたこせんべい

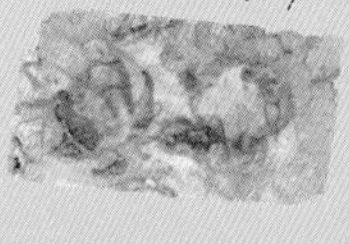

徒歩すぐ

11:00 ちょっと早めに新鮮魚介たっぷりの海鮮丼でお昼ごはん

地元ならではの湘南の新鮮な海の幸をたっぷり盛り付けた海鮮丼を味わおう。人で混み合うお昼どきの前にお店には入っておきたい。

地元漁港直送のとれたて生シラスがたっぷり！

プリプリの伊勢エビを豪快にのせた丼もある

徒歩5分

12:00 縁結びのご利益で名高い江島神社 辺津宮を参拝

江島神社は海の女神を祀った辺津宮、中津宮、奥津宮からなり、縁結びのパワスポとしても知られる。辺津宮は建永元年（1206）に創建された。

徒歩10分

参拝の証しとして御朱印やお守りを持ち帰ろう

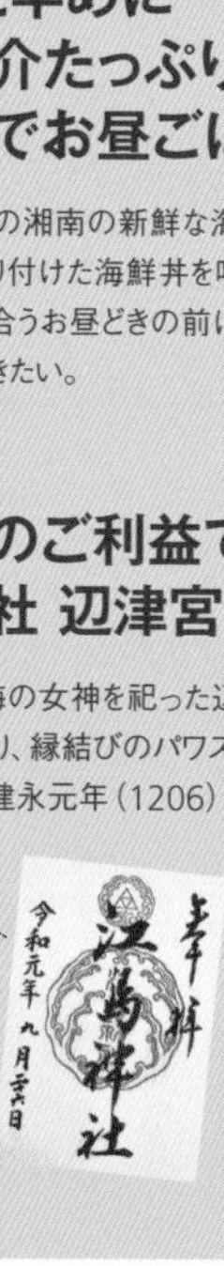

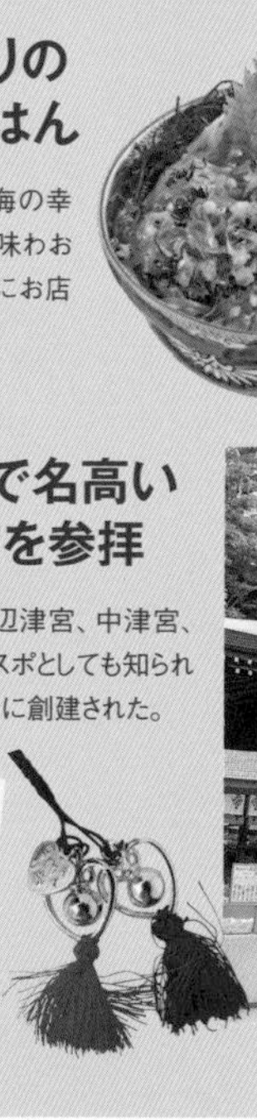

13:00 江の島サムエル・コッキング苑の展望灯台からの景色を楽しむ

江の島サムエル・コッキング苑は英国人貿易商が明治15年（1882）に造形した庭園。展望灯台（江の島シーキャンドル）の高さは約59.8m。

湘南の景色を一望できる

徒歩5～10分

14:00 相模湾を望む開放的な海カフェでブレイクタイム

江の島にはハイセンスなカフェが点在し、島さんぽの休憩にぴったりだ。大海原を眺めながら、お店自慢のスイーツを味わうという贅沢な時間を過ごそう。

絶品のフレンチトースト

徒歩5～10分

15:00 島の最も奥に位置する洞窟、江の島岩屋を探検

波の浸食によってできた神秘的な洞窟で、弘法大師や日蓮聖人も修行したといわれている江の島信仰の発祥の地だ。

徒歩3分

16:00 景勝地・稚児ヶ淵で旅の締めくくりを

波の浸食と隆起によって形成された岩場。天気がよければ富士山や伊豆半島も見える。ここからの夕景は、かながわの景勝50選のひとつだが、日が落ちる前に帰路へ。

階段が多いので、気をつけて

徒歩40分

17:30 江ノ電江ノ島駅または小田急江ノ島線片瀬江ノ島駅

まずは予習

鎌倉・江の島《かまくら・えのしま》

エリア&プロフィール

多くの寺社が集まっている、歴史ある古都・鎌倉。
まずは鶴岡八幡宮・小町通り、鎌倉大仏・長谷、北鎌倉という3大人気エリアをおさえたい。
近年は古都としての魅力にとどまらず、地元の人御用達のお店が多いローカルタウン、
絶景が魅力の海沿いエリアなど、多種多様な雰囲気が楽しめる街に進化中。

① 鎌倉駅周辺《かまくらえきしゅうへん》 P30

鎌倉一の人気エリアと
ディープな鎌倉が共存する

鶴岡八幡宮、小町通りを中心に駅の東側は多くの人で賑わう観光地。御成通りがあり、落ち着いた雰囲気の西側は、洗練されたショップが並ぶ。

鎌倉駅東口から鶴岡八幡宮に向かって続く小町通り

ソロタビにおすすめ
- 鶴岡八幡宮を参拝し、小町通りでお店巡り⇒P8・32
- 銭洗弁財天 宇賀福神社で、金運アップを祈願⇒P38

② 大町・材木座《おおまち・ざいもくざ》 P44

個性的なショップが集まる
注目のローカルタウン

鎌倉時代には商業の中心地として栄えた。庶民的な雰囲気の住宅街に光明寺などの古刹も点在。近年はセンスが光るお店が増えてきている。

材木座テラスには絶景が楽しめるカフェもある

ソロタビにおすすめ
- 鎌倉野菜が揃う鎌倉市農協連即売所へ⇒P46
- おしゃれな材木座テラスでグルメ&ショッピング⇒P47

③ 北鎌倉《きたかまくら》 P50

夏目漱石など多くの文豪も魅了してきた円覚寺

豊かな自然のなかに
由緒ある寺院が集まるエリア

JR北鎌倉駅から鶴岡八幡宮に至る鎌倉街道沿いのエリアで建長寺や円覚寺など鎌倉の名刹が立つ。山あいにあるため、美しい自然にも注目。

ソロタビにおすすめ
- 名刹・円覚寺、建長寺へお参り⇒P52・54
- 風情豊かなお店でちょっと贅沢なランチタイム⇒P56

④ 金沢街道《かなざわかいどう》 P60

約1000本の孟宗竹が広がる報国寺

喧騒を離れた街道沿いに、
個性的な寺社が点在する

竹庭で有名な報国寺や、枯山水の庭園が美しい浄妙寺など、景観美を誇る寺社が多いエリア。街道周辺には、静かな住宅街が広がる。

ソロタビにおすすめ
- 報国寺で静寂に包まれた竹庭をそぞろ歩き⇒P62
- 浄妙寺へ参拝。境内の喫茶やカフェでひと休み⇒P63

⑤ 由比ガ浜・長谷《ゆいがはま・はせ》 P68

必見スポットが集中するエリア
2つのメインストリートにも注目

高徳院の鎌倉大仏や、一年中花が咲き誇る長谷寺などみどころが豊富。由比ガ浜大通り、長谷通りにはオーナーのセンスが光るお店も多い。

高さ11.3m! 大迫力の大仏さまは鎌倉のシンボルだ

ソロタビにおすすめ
- 人気観光スポットの高徳院、長谷寺を訪ねる⇒P70・72
- 由比ガ浜大通りや長谷通りでお買い物⇒P74・76

⑥ 稲村ガ崎・七里ガ浜《いなむらがさき・しちりがはま》 P82

ビーチ散歩が楽しい
潮風が心地よい海辺の街

国道134号沿いに、海を望む開放的なレストランやカフェが点在。おしゃれな雑貨を扱うお店に立ち寄りながら、海辺散策を楽しみたい。

江ノ電が海沿いを走る風景も印象的

ソロタビにおすすめ
- 絶景スポットや、湘南らしいショップに立ち寄る⇒P84
- 相模湾を一望できるカフェ&レストランでランチ⇒P86

⑦ 江の島《えのしま》 P90

島のシンボル、江の島シーキャンドル

パワスポ&絶景カフェ
一日中楽しめる観光スポット

縁結びで有名な江島神社や趣ある参道が残る観光地だが、新江ノ島水族館など楽しいエンタメスポットも。名物のシラスは必ず食べておきたい。

ソロタビにおすすめ
- 江島神社、大海原を望む名所をおさんぽ⇒P92
- とれピチの魚介を使った海鮮丼でお昼ごはん⇒P94

郊外 逗子・葉山《ずし・はやま》 P98

名士や外国人の別荘地として
栄えた歴史あるリゾートエリア

湘南らしいリゾート感あふれる景色が広がる。マリーナが点在し、マリンレジャーのメッカである海岸沿いは、大半が西を向くため夕日の名所も多い。

開放的な神奈川県立近代美術館 葉山

ソロタビにおすすめ
- 神奈川県立近代美術館 葉山で美術鑑賞⇒P98
- 地元で親しまれているお店やマーケットを訪れる⇒P99

鎌倉駅周辺

鎌倉の象徴として知られる鶴岡八幡宮を中心に、新旧の店が立ち並ぶ。鎌倉最大の繁華街・小町通りには古くから親しまれているグルメ店やレトロモダンなショップも。

ソロタビ PLAN

王道コースは鎌倉駅東口を出発して若宮大路を歩き、鶴岡八幡宮へ。帰りは小町通りをぶらぶら散策し、西口側の御成通りにも足をのばしたい。駅の東西は地下道で結ばれている。

所要 6時間

Start 鎌倉駅東口

↓

Solo tabi Plan

① 10:00 若宮大路をのんびり散策 →P34

ニノ鳥居から鶴岡八幡宮まで続く参道の段葛

春は桜が満開になる美しい参道

↓

② 10:30 鎌倉観光の大本命 鶴岡八幡宮へ

→P8

江戸時代に建造された絢爛豪華な社殿

鎌倉幕府の3代将軍、源実朝公を祀っている白旗神社

↓

③ 12:00 小町通りの名店グルメに舌鼓

→P32

いつ訪れても多くの人で賑わう小町通りはおいしいものの宝庫

地元で愛されるヨシザキ食堂の名物丼や定食は絶品！

↓

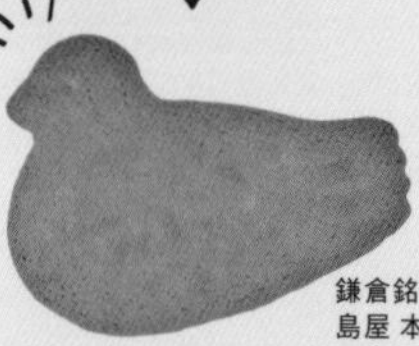

④ 14:00 鎌倉みやげの大定番を求めて

→P16

鎌倉銘菓の代名詞・豊島屋 本店の鳩サブレーは味も見た目も◎！

鎌倉紅谷 八幡宮前本店のクルミッ子は風味と食感にこだわる和洋イイトコどりのスイーツ

↓

⑤ 15:00 鎌倉駅の西口側、御成通りを散策

→P36

隠れ家のような雰囲気のさまざまな専門店が

ハイセンスな生活雑貨などが見つかるおしゃれなショップも発見

↓

Goal 鎌倉駅西口

ACCESS

■ 鎌倉駅東口

徒歩で10分

■ 鶴岡八幡宮

☎0467-23-3050
鎌倉市観光協会

MAP P118-120

ココもCHECK！

住宅地に溶け込む美術館へ

約2年にわたる休館を経て、2019年10月にリニューアルオープン。展示室の壁面を一新し、彫刻庭園に面したテラスにはカフェスペースなどを増設している。

神奈川県立近代美術館 鎌倉別館《かながわけんりつきんだいびじゅつかん かまくらべっかん》

MAP P118D1

DATA ☎0467-22-5000 ㊟鎌倉市雪ノ下2-8-1 ㊎JR鎌倉駅東口から徒歩15分 ㊑展覧会によって異なる ㊐9時30分〜17時(入館は〜16時30分) ㊡月曜(祝日の場合は開館)、展示替え期間

屋外彫刻にも
注目したい
撮影:木奥惠三

エリアのメインスポットはココ

1 鶴岡八幡宮《つるがおかはちまんぐう》

源氏の守護神を祀る神社。境内には源頼朝公や北条政子など鎌倉幕府ゆかりのスポットが点在している。

DATA → P8

2 小町通り《こまちどおり》

鎌倉駅東口から鶴岡八幡宮へ続く通り。みやげ店や名物グルメのお店などが並ぶ鎌倉屈指の繁華街。→P32・34

3 若宮大路《わかみやおおじ》

鶴岡八幡宮から由比ケ浜まで一直線に延びる参道。鎌倉駅周辺は飲食店やみやげ店も充実。→P34

ホットケーキ
880円
銅板の上で30分かけてじっくり焼き上げ、厚さは2枚で7cm。外はサックリ、中はしっとりとした食感に

喫茶店

光差し込むレトロ空間で
極厚ホットケーキを賞味

A イワタコーヒー店《いわたこーひーてん》

MAP P120A4

昭和20年(1945)創業の名喫茶。川端康成など鎌倉ゆかりの作家も足繁く通った昭和レトロな空間が広がる。苦みと酸味のバランスがよいイワタオリジナルブレンドコーヒー610円も人気。

DATA ☎0467-22-2689 住鎌倉市小町1-5-7 交JR鎌倉駅東口から徒歩1分 時10～18時 休火曜、第2水曜

サンルームから差し込む光が心地良い。窓の外には四季の彩りが楽しめる庭園も

Eating 鎌倉グルメを楽しむならここからスタート

みんなに愛され続ける小町通りの名物店

鎌倉屈指のグルメエリアとして名高く、地元で有名な老舗からイマドキなスイーツ店まで並ぶ小町通り。行列ができる名店も多いが、並んだ先に待っている逸品をぜひ味わいたい。

ソロタビPoint

鎌倉イチの繁華街

小町通りは若宮大路と並行する商店街。みやげ物店などが軒を連ね、観光シーズンだけでなく一年中多くの人で賑わっている。

テイクアウト

カラフルな変わり餡と
モチモチ団子が相性抜群

D 和茶房鎌倉 さくらの夢見屋 小町通り店《わさぼうかまくら さくらのゆめみや こまちどおりてん》

MAP P120A3

季節限定も合わせて約20種類の団子が並ぶ。写真はずんだ餡、はちみつレモン餡、さくら餡。桜のリキュールで風味付けした餡やレモン果肉使用の餡など、色も味も多彩。

DATA ☎0467-25-3815 住鎌倉市小町2-7-34 交JR鎌倉駅東口から徒歩4分 時10時～17時30分(土・日曜、祝日は～18時) 休無休

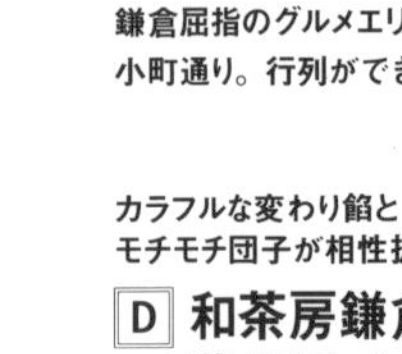

さくら餡(上)
はちみつレモン餡(中)
ずんだ餡(下)
各190円
桜のリキュールで風味づけした変わり餡に、レモンの果肉のせなど、色も味もさまざま

テイクアウト

新鮮な海の幸がたっぷり
彩り華やかな創作グルメ

C はんなりいなり

MAP P120A3

朝どれ生シラスを使ったテイクアウトグルメなどが評判の店。しらすのミルフィーユはシラスなどの具材が幾層にも重なる贅沢グルメ。時期により生シラスがのることも。

DATA ☎0467-23-7399 住鎌倉市小町2-9-7 交JR鎌倉駅東口から徒歩3分 時10～18時 休無休

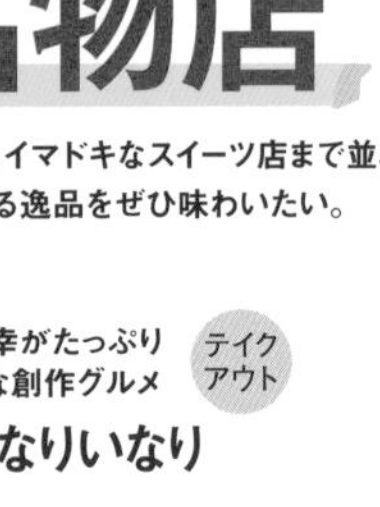

しらすのミルフィーユ
970円
シラスや煮椎茸などの具材がミルフィーユ状に。時期により生シラスがのる

テイクアウト

ふっくら食感がクセになる
アツアツのご当地串

B 鎌倉小町通り あさひな《かまくらこまちどおり あさひな》

MAP P120A4

3種の魚を素材とした揚げかまぼこを提供している。鎌倉揚げはスケトウダラやタチウオなどのすり身を使用。かまぼこには鎌倉名物のシラスがたっぷり。揚げ&かまぼこは計9種類。

DATA ☎050-3161-4108 住鎌倉市小町1-6-15 交JR鎌倉駅東口から徒歩1分 時9時30分～19時 休無休

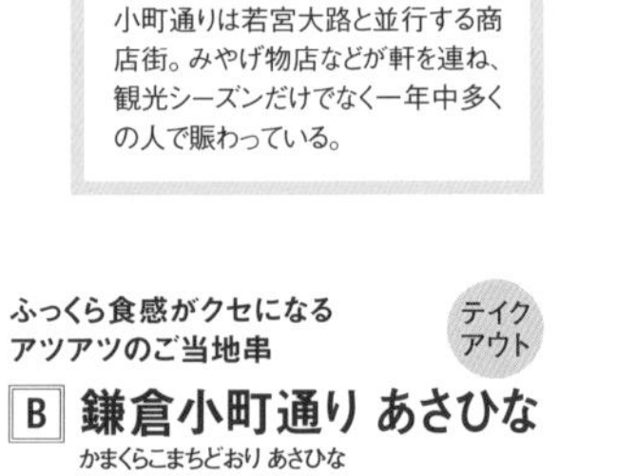

鎌倉かまぼこ(しらす)(右)230円
鎌倉揚げ(プレーン)(中)230円
鎌倉揚げ(たこ)(左)230円
蒸し立てはふっくらアツアツ。棒付きなので食べやすいのもうれしい

どっさり釜揚げしらすのふわ玉丼
1350円
絶妙な塩加減の釜揚げシラスとフワフワ玉子がベストマッチ。後半はだしをかけてお茶漬けにして味わう

てんこ盛りの釜揚げシラスと
ふわふわ玉子の相性が光る
和食店

F ヨシザキ食堂
よしざきしょくどう

MAP P120A2

創作和食に定評がある料理店。シラスをはじめ相模湾でとれた地魚や旬の鎌倉野菜など、地産地消に根ざした料理が豊富に揃い、連日多くの人で賑わう。

DATA ☎0467-25-6000 住 鎌倉市雪ノ下1-6-28 交 JR鎌倉駅東口から徒歩6分 時 11～15時LO（夜は宴会予約のみ受付） 休 火曜（祝日の場合は翌日）

カジュアルな雰囲気でひとりでも入りやすい

ハートがいっぱいの
キュートなソフトクリーム
テイクアウト

E いも吉館 小町通り店
いもよしやかた
こまちどおりてん

MAP P120A3

鹿児島産サツマイモを使うスイーツ店。紫イモや抹茶、ラムネなど9種類のソフトクリームは350円～。ハートマシュマロをトッピングしたソフトはSNS映えすると話題。

DATA ☎0467-25-6220 住 鎌倉市小町2-8-4 交 JR鎌倉駅東口から徒歩4分 時 10時～17時30分 休 無休

ハートマシュマロソフト
（ラムネミックス）450円
好みのソフトクリームにハート形マシュマロをトッピング。思わず写真に撮りたくなるポップでかわいい名物だ

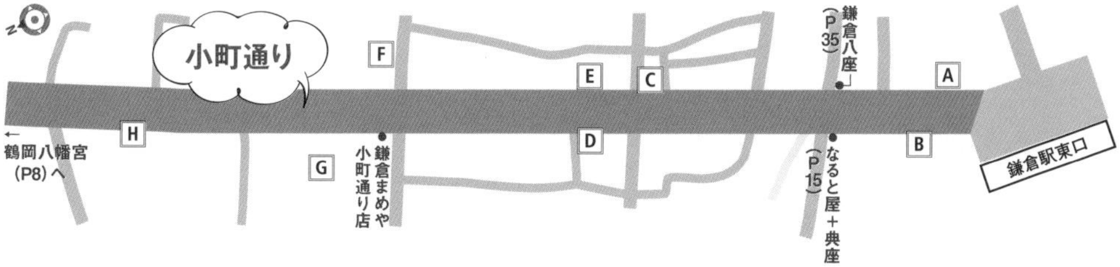

デザイナーズ空間で味わう
名物フレンチトースト
カフェ

H roomlax Cafe
るーむらっくす かふぇ

MAP P120A1

こだわりの熟成鎌倉フレンチトーストが好評。フレンチトーストは定番の「オリジナル」をはじめ計3種類。「オリジナル」のみ5つのフレーバーをトッピングすることが可能。

DATA ☎0467-38-7335 住 鎌倉市雪ノ下1-4-26 2階 交 JR鎌倉駅東口から徒歩8分 時 10～21時LO 休 無休

小町通りを見下ろすテラス席も備えている

熟成鎌倉フレンチトースト（オリジナル）
1045円
フレンチトーストは長時間、卵液に浸すためプリンのような食感。コーヒー550円と一緒にどうぞ

独自調合のスパイスが香る
コクとうま味の二重奏カレー
レストラン

G OXYMORON komachi
おくしもろん こまち

MAP P120A2

カレー好きが高じて店を開いた店主が多彩な食材とスパイスを組み合わせ、唯一無二のカレーを考案。スリランカ風マトンカリーやエスニックそぼろカリー各1200円など個性的なメニューが揃う。

DATA ☎0467-73-8626 住 鎌倉市雪ノ下1-5-38こもれび禄岸2階 交 JR鎌倉駅東口から徒歩7分 時 11時～17時30分LO 休 水曜（祝日の場合は翌日）

1 満席の場合は整理券が配られる 2 モダンな店内。カウンター席もあり、ひとりでも利用しやすい

和風キーマカリー
1320円
5種類のスパイスを調合したルーは、野菜やひき肉のうま味が凝縮。卵やネギがアクセント

Shopping 定番のおみやげをチェックしよう

小町通り&若宮大路で鎌倉みやげをゲット!

小町通りと若宮大路には、鎌倉ならではの食品や雑貨が購入できるみやげ店が勢揃い。帰宅してからも鎌倉に思いを馳せられる逸品をご紹介。

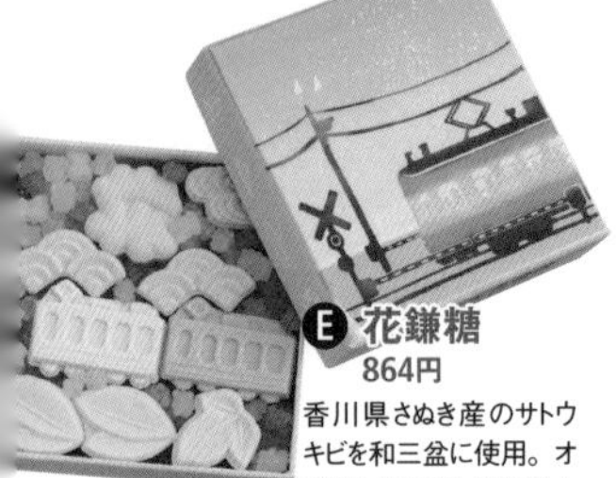

E 花鎌糖
864円
香川県さぬき産のサトウキビを和三盆に使用。オリジナルの箱もかわいい

D わらび餅
756円(9切入り)
ぷりんとした独特の弾力ともっちり食感。ほどよく冷やし、沖縄県波照間(はてるま)産の黒糖を使った黒蜜と国産きなこをかけて味わおう

地元産のものを組み合わせてみたい

味みやげ

自然に恵まれた土地ならではの地酒、野菜、魚介。どれも自慢の逸品です。

ソロタビPoint

地元産×地元産が相性抜群!

味みやげなら地ビールは鎌倉ハムやソーセージと合わせて楽しむと◎。雑貨は鎌倉ならではのデザインがあしらわれたものに注目したい。

C 北鎌倉の恵み(左) 510円
江ノ島アルト(中) 550円
古都鎌倉 ミニ菰樽(右) 2400円
重厚な味わいの北鎌倉の恵み、フルーティな江ノ島アルトなど個性豊かな商品が揃う。古都鎌倉ミニ菰樽は相模屋限定のオリジナル

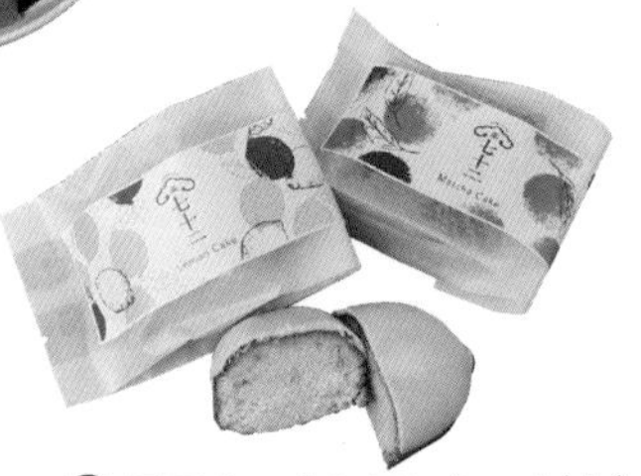

B 果子ケーキレモンケーキ(左)
抹茶ケーキ(右) 各356円
神奈川県真鶴産のレモンを使ったマドレーヌと、宇治抹茶を使用したスクエアケーキ

A 鎌倉煮 和風豚角煮
(醤油味・みそ味)
各594円(180g)
豚ばら肉を特製ダレで味付けし、やわらかく煮込んだ角煮。醤油味とみそ味の2種類があり、常温保存が可能

D 段葛 こ寿々《だんかずら こすず》

MAP P120B2

若宮大路にある手打ちそばの名店。わらび餅は鎌倉名物として愛され、みやげ用にも販売している。

DATA ☎0467-25-6210 住鎌倉市小町2-13-4 交JR鎌倉駅東口から徒歩6分 時11時30分～18時30分LO 休月曜(祝日の場合は翌日)

C 相模屋酒店《さがみやさけてん》

MAP P120A3

創業50年を超える老舗で小町通り唯一の酒店。鎌倉・湘南・葉山ビールなどの地ビール&地酒が充実。鎌倉サイダーも人気。

DATA ☎0467-22-1613 住鎌倉市小町2-2-19 交JR鎌倉駅東口から徒歩3分 時10～18時 休火曜

B かまくら七十二《かまくらしちじゅうに》

MAP P120A3

およそ5日ごとに訪れる旧暦の二十四節気七十二候をテーマにした菓子舗。季節の変化を感じさせるセンスのいいスイーツが充実している。

DATA ☎0467-61-2472 住鎌倉市小町1-6-12 寿ビル2階 交JR鎌倉駅東口から徒歩1分 時11～18時 休火曜

A 鎌倉ハム富岡商会 小町本店《かまくらはむとみおかしょうかい こまちほんてん》

MAP P120A3

明治33年(1900)の創業以来、地元の人に愛され、鎌倉の地でハムやソーセージを作り続ける老舗の直営店。

DATA ☎0467-25-1864 住鎌倉市小町2-2-19 相模屋ビル1階 交JR鎌倉駅東口から徒歩3分 時10～18時 休水曜

小町通り＆若宮大路で鎌倉みやげをゲット！

雅でかわいい 鎌倉モチーフをゲット
和雑貨

趣ある和雑貨も鎌倉みやげの大本命。こだわりの品を贈り物にぜひ。

H 鳩しるべ
1個495円
陶器の人形には小さく折りたたんだお告げが入っているのでお楽しみに！

H 湘南手捺染 御朱印帳
2420円
鶴岡八幡宮の神使である鳩がモチーフ。隠れキャラのリスも♡

F がまぐち
1個1430円
リップなども入るサイズなので、ミニポーチとしても使用できる

H 藍色だるま
2200円（中）
創業150年の荒井だるま屋が作る相州だるま。富士山の形の口元が特徴

G マスキングテープ 352円
鎌倉彫の椿文様を現代風にかわいくアレンジ。デコレーションに最適

F トートバッグ
1個1100円
鎌倉の地図が描かれたバッグはおみやげに◎。なかでも大仏柄はインパクト大

E 茶鎌
1袋1188円～
お茶のフレーバーごとに巾着の柄が異なる。ティーバッグ7個入り

G クリアファイル
1枚242円～
歴史ある鎌倉彫作品がモチーフのクリアファイルは雅な雰囲気たっぷり

E 晴雨兼用日傘 SunSun（あじさい白地）
4290円
50年以上前のゆかたの染型から起こしたデザイン。粋で涼しげな日傘

E 手拭い
1枚1100円～
鎌倉の風物（右：段葛春、左：鎌倉しらす）を描いたバラエティ豊かな手ぬぐいは見ているだけで楽しい♪

H 鎌倉八座
かまくらはちざ

MAP P120A3

神奈川県内で作られている工芸品や食品、鎌倉モチーフや四季を感じる雑貨などが並ぶ。現代的なデザインと伝統を融合したオリジナルアイテムも。

DATA ☎0467-84-7766 住鎌倉市小町1-7-3 交JR鎌倉駅東口から徒歩3分 時9時30分～18時30分 休無休

G 鎌倉彫会館 CAFE&SHOP 倶利
かまくらぼりかいかん かふぇあんどしょっぷ ぐり

MAP P120B3

実用的に使える鎌倉彫の漆器を販売。そのほか、伝統文様をモチーフとした商品も扱う。

DATA ☎0467-33-5751 住鎌倉市小町2-15-13 鎌倉彫会館内 交JR鎌倉駅東口から徒歩5分 時9時30分～17時 休月曜（祝日の場合は翌日）

F 鎌倉ふぃる 本店
かまくらふぃる ほんてん

MAP P120A3

使いやすい和小物が、絵柄も品揃えも豊富。風呂敷と専用の持ち手を組み合わせる風呂敷バッグが人気。店頭にはリーズナブルな和雑貨も。

DATA ☎0467-22-7129 住鎌倉市小町2-10-2 交JR鎌倉駅東口から徒歩3分 時10～19時 休無休

E nugoo 拭う鎌倉 二の鳥居店
ぬぐう ぬぐうかまくら にのとりいてん

MAP P120B3

伝統的製法「注染《ちゅうせん》」で職人が手染めした手ぬぐいを300種以上揃える。お弁当包みなど食にまつわる商品も充実。

DATA ☎0467-22-4448 住鎌倉市小町2-10-12 交JR鎌倉駅東口から徒歩3分 時10時30分～19時（土・日曜、祝日10時～） 休無休

Visiting 鎌倉駅西口エリアの商店街を歩く

御《お》成《なり》通りさんぽでディープな鎌倉を探す

鎌倉駅西口を出て左手にのびる地元の人御用達の商店街。老舗の喫茶店や話題の雑貨店、ベーカリーなど、「鎌倉通」が気取れるかわいくて、おいしいお店を見つけたい。

ソロタビPoint

隠れ家的名店に出合える

賑やかな東口側とは異なり、比較的のんびり歩けるのが西口エリア。グルメ、おみやげともに駅チカでありながら、こだわりの詰まった魅力的な店が充実している。

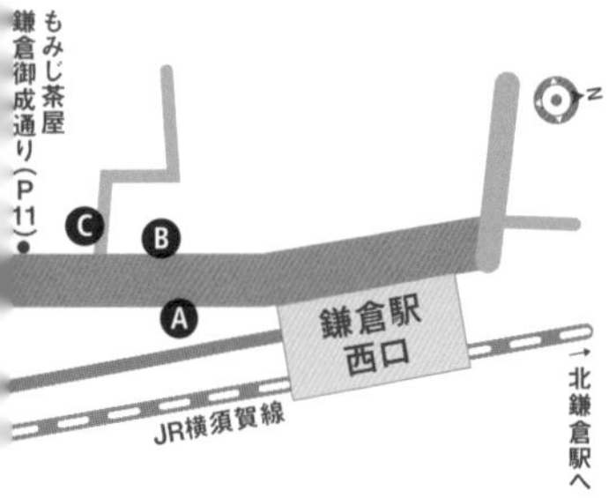

1

2

カフェ **商店街入口の御成通りを象徴する定番カフェ**

A cafe RONDINO

かふぇ ろんでぃーの

MAP P119A3

昭和42年（1967）の開業以来、地元の人たちに親しまれる喫茶店。通りの喧騒を忘れさせる静かな店内で、サイフォンコーヒーの豊かな香りが楽しめる。自家製プリンやスパゲッティ700円（ドリンク付き）もぜひ。

1 通りを行き交う人を眺めながらくつろぎの一杯を 2 自家製プリン380円とブレンドコーヒー350円

DATA ☎0467-25-5177 交 JR鎌倉駅西口から徒歩1分 時 7～22時（日曜、祝日は～20時）休 水曜

カフェ **淹れたてのコーヒーで素敵な一日をスタート!**

C THE GOOD GOODIES

ざ ぐっど ぐっでぃーず

MAP P119A3

商店街の路地にあるコーヒースタンド。オリジナル焙煎で仕上げたコーヒー豆を、ハンドドリップで1杯ずつ丁寧に淹れてくれる。

DATA ☎0467-33-5685 交 JR鎌倉駅西口から徒歩2分 時 7～18時（土・日曜、祝日は9時～）休 水曜、毎月最終火曜

2

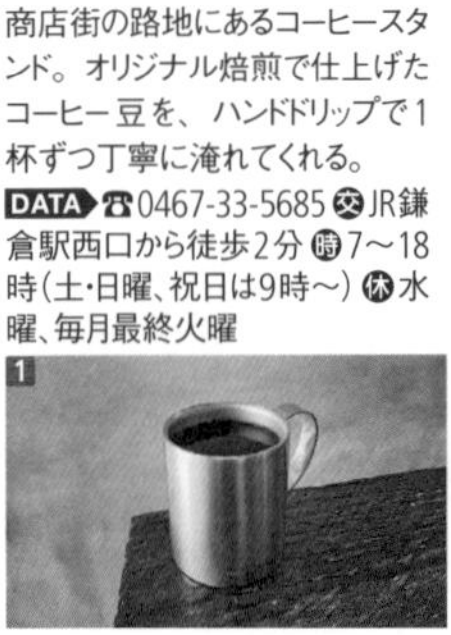
1

1 オリジナルブレンド（R）429円
2 鎌倉スタンドコーヒーブームの先駆け的存在の人気店

カフェ **銀行跡地にオープン カカオを使ったスイーツ**

B CHOCOLATE BANK

ちょこれーと ばんく

MAP P119A3

小町通りのアロマ生チョコ専門店「cacao」が手掛けるカフェ&ショップ。コロンビアに自社農園をもち、こだわりのカカオ豆を使ったチョコレートは絶品。カカオ豆を使用したコスメなども販売。

DATA ☎0467-50-0172 交 JR鎌倉駅西口から徒歩1分 時 10～18時 休 月曜

1

2

3

1 チョコレートでできた大きなゴリラの像は写真映え必至! 2 チョコルネ フランボワーズ（皿左）594円や、生チョコッペビター（右）756円など※写真はイメージ
3 中からチョコレートがとろけ出すフォンダンショコラ1個540円

御成通りさんぽでディープな鎌倉を探す

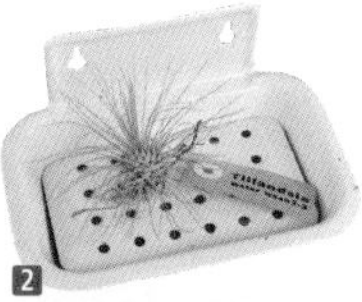

買う　ナチュラルでハイセンスな大人のための生活雑貨

F HMT《えいちえむてぃー》

MAP P119A4

ウッディな店内にはアンティーク調の生活雑貨をはじめ、食器などのキッチン用品、グリーン、金物パーツなどが並ぶ。ナチュラルテイストの部屋づくりをしたい人におすすめの一軒。

DATA ☎0467-39-6658 交JR鎌倉駅西口から徒歩4分 時11～18時 休不定休

1 色味がかわいい耐熱皿。バトーボウル（L）各1980円 2 ホーロー製のソープディッシュ1430円とエアープランツ（別売） 3 どことなくアーリーアメリカンなイメージが漂う品揃え

買う　ふっくらレーズンを贅沢にサンド

D 鎌倉小川軒《かまくらおがわけん》

MAP P119A4

昭和63年（1988）、鎌倉駅西口の御成通りに開業した洋菓子店。人気商品のレーズンウィッチは、地元では贈答品の定番だ。

DATA ☎0467-25-0660 交JR鎌倉駅西口から徒歩3分 時10～18時 休不定休

1 レーズンウィッチ1393円（10個入り）。サクサク食感のバターサブレ、香り豊かなラムレーズン、口どけのよいバタークリームが絶妙にマッチした逸品 2 店内にはカフェスペースもある（11時～16時30分LO）

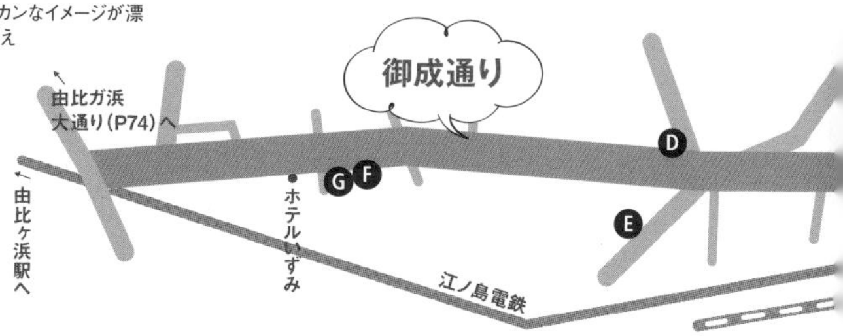

買う　路地の奥にある自家製酵母のベーカリー

G KIBIYAベーカリー《きびやべーかりー》

MAP P119A4

50年以上地元で愛され続けるベーカリー。自家製酵母、無農薬国産小麦を使った石臼挽きの全粒粉パンは、噛むほどに深い味わいが口に広がる。

DATA ☎0467-22-1862 交JR鎌倉駅西口から徒歩5分 時10～18時 休水曜

1 もちもちフカフカの食感。はちみつカンパーニュ220円 2 パウンドケーキにはイチジクやラムレーズンなどが入る。カット200円～ 3 店内は手前に食事パンや菓子パン、奥に食パンが並ぶ

買う　思わず手に取りたくなる癒やしの北欧雑貨

E pieni-kröne《ぴえに くろーね》

MAP P119A4

フィンランドやデンマークなどの北欧雑貨を扱う。ムーミングッズのほか、リサ・ラーソンをはじめ現地のデザイナーの作品も充実。食器などオリジナルグッズも展開している。

DATA ☎0467-25-0847 交JR鎌倉駅西口から徒歩4分 時10時30分～18時 休水曜

1 iPhoneケース各3850円 2 メラミンプレート各1265円 3 ムーミン、フローレンバンク各1870円 4 お部屋に飾っておきたくなるアイテムがいっぱい

Visiting 洗うとお金が増えるというパワースポットに注目!

銭洗弁財天 宇賀福神社で金運アップを祈る

湧き出ている清水でお金を洗い清め、心身を清め、行いを慎めば福が得られるといわれ、奥宮にある岩窟ではザルを手にお金を洗う参拝者が絶えない。

正しい順路でお参り Start

1 入口 いりぐち

山の中腹にあるトンネルが入口。鳥居からトンネルをくぐると境内。まるで別世界への入口のよう。

洞窟みたいで神秘的な雰囲気

2 参道 さんどう

岩窟のトンネルをくぐると、お清めのための手水舎がある。その先には、ご利益があったという人々が奉納した鳥居がずらりと並ぶ。

3 社務所 しゃむしょ

ロウソクは光を届け、線香は邪気を払ってくれる。ロウソク&線香1束で100円。お金を洗うザルは無料で借りられる。

これがお参りの3点セット

4 奥宮 おくみや

まずは参拝。闇を照らすロウソクと邪気を払う線香を奉納する。ご利益のお礼である千羽鶴や鳥居も奉納されている。

洞窟の奥に位置している

1・4月の初巳、9月の大祭の日に参拝すると特にご利益があるといわれる

5 本社 ほんしゃ

日本の神話に登場する水の神・市《いち》杵《き》島《しま》姫命《ひめのみこと》を祀る。市杵島姫命は弁財天と同一視され、音楽や弁舌など芸能に関するご利益があるとされる。

二礼、二拍手、一礼の参拝方法を遵守

ソロタビPoint

特殊な地形にある神社

四方を急な山崖に囲まれた境内は、神気あふれるパワースポット。正しい順序で参拝して、金運のご利益とともに、大自然の気もいただいて帰ろう。

霊泉でお金を洗い心も清めてご利益を祈願する

銭洗弁財天 宇賀福神社

ぜにあらいべんざいてん うがふくじんじゃ

MAP P119B1

文治元年(1185)に源頼朝の夢枕に立った水の神・宇賀福神のお告げに従ってこの地にご神体を祀ったのが始まり。その後、源頼朝の信仰を受け継いだ鎌倉幕府5代執権・北条時頼が、奥宮の霊水で銭を洗い、一族の繁栄を祈ったことが、「洗うとお金が増えて戻ってくる」という民間信仰となり、現代まで続いている。

DATA ☎0467-25-1081 ㊟鎌倉市佐助2-25-16 ㊋JR鎌倉駅西口から徒歩20分 ㊕拝観無料 ㊔8時~16時30分 ㊡無休

奥宮のある洞窟で湧き出る銭洗水。この水でお金を洗うと、何倍にもなって戻ってくるといわれている

鎌倉五名水のひとつである銭洗水が湧き出る奥宮は、銭洗弁財天の一番のみどころ

― 境内のココにも注目 ―

龍のオブジェ

弁財天のお使いであるヘビにゆかりが深い。上之水神へ向かう途中にあるので、探してみよう。

神紋

境内随所にある神紋。“三つ鱗”とよばれる北条家の家紋を、波を表した模様が囲う。

9 奥宮 おくみや

奥宮に戻り、ザルにお金を入れ、ひしゃくで水をかけて洗う。洗ったお金は拭いて財布に戻し、なるべく早く使うのがポイント。

清らかな福銭で、金運もアップ！

8 七福神社 しちふくじんじゃ

福徳円満などにご利益があるとされる

洞窟を抜けて境内のすぐ右手にある小さな社。大黒天・恵比寿・毘沙門天・弁財天・布袋・福禄寿・寿老人の七福神を祀っている。

7 下之水神 しものすいじん

上之水神の少し下にあり、境内の下部に湧き出る水の神を祀る。近くに高さ3mほどの一条の滝が流れており、マイナスイオンたっぷり。

6 上之水神 かみのすいじん

階段を上がって参拝しよう

境内奥の小高い場所にこんこんと湧き出る清水を祭神として祀っている社。奥宮を出た、本社右手の階段を上ったところにある。

― 出世運のご利益のある神社 ―

まるで隠れ里のような雰囲気が漂う印象的な神社で、仕事での成功を祈願しよう。

緑の木々と朱塗りの鳥居の鮮やかなコントラスト

佐助稲荷神社

さすけいなりじんじゃ

MAP P119B2

源頼朝の命を受け、畠山重《はたけやましげ》忠《ただ》によって建立された。佐《すけ》殿《どの》とよばれていた幼少期の源頼朝の夢に稲荷神が現れ、平家討伐の挙兵を勧めたという伝説が名の由来。佐殿を助けた稲荷神が祀られていることから、出世にご利益があるとされている。

DATA ☎0467-22-4711
住 鎌倉市佐助2-22-12
交 JR鎌倉駅西口から徒歩20分 料時休 境内自由

1 本殿。稲荷の祭神である宇迦御魂命などの神々を祀る 2 朱塗りの鳥居が幾重にも続く参道 3 小さな陶器の狐などが無数に並ぶ古稲荷群

鎌倉駅周辺の

ソロタビグルメ

鎌倉駅から徒歩10分圏内に、地元の素材をふんだんに使ったヘルシーランチが味わえる食事処や、本格派コーヒーやチョコレートを堪能できるカフェもある。

鎌倉野菜と地元シラスの豪華ランチに大満足

鎌倉 秋本《かまくら あきもと》

MAP P120A4

食材だけでなく料理法にも徹底的にこだわる懐石料理店。料理長が厳選した鎌倉野菜を独自配合の油で揚げた天ぷらや、その日水揚げされた生シラスを贅沢に盛り付けた生しらす丼1650円が人気。DATA ☎0467-25-3705 住 鎌倉市小町1-6-15アイザ鎌倉3階 交 JR鎌倉駅東口から徒歩1分 時 11～15時LO、17時～19時30分LO 休 木曜

カウンター席 なし　ベストタイム 14：00～15：00

1 和の趣が漂う店内。座敷席やカウンターも 2 職人技により食材の甘みが引き出される 3 6種類の鎌倉野菜の天ぷらと、地元湘南産の生しらす丼が一度に味わえる鎌倉づくし2640円

アンティークに囲まれた昭和レトロな異空間

ミルクホール《みるくほーる》

MAP P120A3

昭和51年(1976)創業の老舗カフェ。大正～昭和のアンティークを集めた店内はノスタルジックな雰囲気。30数年変わらぬ味を守っているハヤシライス1320円や自家製プリンが名物。DATA ☎0467-22-1179 住 鎌倉市小町2-3-8 交 JR鎌倉駅東口から徒歩5分 時 11時～20時30分(土・日曜、祝日は～21時30分) 休 水曜不定休

カウンター席 6席

ベストタイム 16：00～

1 昭和にタイムスリップしたような店内

2 自然飼育の卵を使う自家製プリン660円

朝食ブームを牽引する店でこだわり食材の和定食を

朝食屋 COBAKABA《ちょうしょくや こばかば》

MAP P119B3

鎌倉市農協連即売所(→P46)で仕入れる野菜や、鹿児島から取り寄せる手作り味噌、契約農家の有機五穀米など、素材を厳選。名物の卵かけごはん定食や越田商店のサバ定食1287円などが人気。DATA ☎0467-22-6131 住 鎌倉市小町1-13-15 交 JR鎌倉駅東口から徒歩3分 時 7～14時 休 水曜(祝日の場合は火曜または木曜休み)

カウンター席 19席

ベストタイム 7：00～8：00

1 大きく窓がとられた開放的な店内

2 卵かけごはん定食836円。県内の平飼い養鶏場から仕入れた卵を使用

モダンな内装に包まれたカフェブームの草分け店

café vivement dimanche《かふぇ ゔぃゔもん でぃもんしゅ》

MAP P120A3

本物のコーヒーを追求するマスター・堀内さんが淹れる一杯を求めて、全国からファンが訪れる。自家焙煎したコーヒーは常時10種類以上。バナナブリュレなどのサイドメニューも。DATA ☎0467-23-9952 住鎌倉市小町2-1-5 交JR鎌倉駅東口から徒歩5分 時8時～18時30分LO 休水・木曜

カウンター席 なし
ベストタイム 17:00～18:30

1 シナモンがアクセントのバナナブリュレ750円 2 半地下の店内は喧騒から離れた大人の空間。床のタイルのモノトーンがアクセントに

Bean to Barのチョコレート専門店

ダンデライオン・チョコレート 鎌倉店《だんでらいおん ちょこれーと かまくらてん》

MAP P119A3

カカオ本来の味が楽しめるチョコレートバーをはじめ、鎌倉店限定のメニューなども提供している。2階席からは鎌倉駅のホームが望め、行き交う人や電車を眺めながらのんびりとブレイクタイムを楽しむのもいい。DATA ☎0467-53-8393 住鎌倉市御成町12-32 交JR鎌倉駅西口からすぐ 時8～20時 休不定休

カウンター席 40席 ベストタイム 8:00～12:00

1 焼きたてのダンデライオン・チョコレート・クロワッサン429円（数量限定）と、ほうじ茶入りのカマクラホットチョコレート693円 2 駅のホームを望む2階席 3 注文後にマシュマロをローストするスモア495円

四季の花を前に穏やかな休日を

スターバックス コーヒー 鎌倉御成町店《すたーばっくす こーひー かまくらおなりまちてん》

MAP P119A3

漫画家・横山隆一氏の邸宅跡地を生かしたロケーションが自慢。希少性の高い、風味豊かなスターバックスリザーブ®のコーヒーが楽しめる。限定スイーツも提供している。DATA ☎0467-61-2161 住鎌倉市御成町15-11 交JR鎌倉駅西口から徒歩5分 時8～21時 休不定休

ベストタイム 8:00～10:00

目の前にプールが広がるテラス席。4月下旬～5月中旬には美しい藤の花が見られる

手作りにこだわるリノベカフェ

Sahan《さはん》

MAP P120A4

古い建物をリノベーションした木のぬくもりあふれる空間で、手作り定食が楽しめる。月替わりの主食に合わせて作られた献立は、ヘルシーかつ味わい豊か。ご飯定食とパン定食が隔週で入れ替わる。DATA ☎0467-24-6182 住鎌倉市御成町13-38荻原ビル2階 交JR鎌倉駅西口から徒歩2分 時11時30分～20時15分LO 休水・木曜

カウンター席 8席
ベストタイム 16:00～18:00

筑前煮をメインにしたご飯定食1430円の一例

極限までうま味を抽出したカレー

カレーハウス キャラウェイ《かれーはうす きゃらうぇい》

MAP P120B2

昭和52年（1977）の創業以来口コミで評判が広まり、今や鎌倉で不動の人気を誇るカレー店。オーナーが独自開発したカレールーは、どこか懐かしさを感じさせつつも深みのある味わいが特徴。DATA ☎0467-25-0927 住鎌倉市小町2-12-20 交JR鎌倉駅東口から徒歩7分 時11時30分～19時30分LO 休月曜（祝日の場合は翌日）

カウンター席 なし
ベストタイム 15:00～18:00

ビーフカレー780円。ニンジンや玉ネギなどの野菜と肉をとろけるまで煮込む

鎌倉駅周辺の

立ち寄りSPOT

新しく開館したミュージアムや自然豊かな景観美を誇る古刹、鎌倉モチーフの小物が手に入るショップなど、バラエティ豊かなみどころづくし。

鶴岡八幡宮境内に2019年6月に開館

鎌倉文華館 鶴岡ミュージアム

かまくらぶんかかん つるがおかみゅーじあむ

MAP P120A1

鶴岡八幡宮(→P8)の平家池のほとりに立つ文化施設。昭和26年(1951)に設計された坂倉準三の代表作を最新技術で蘇らせた建物は、スタイリッシュで洗練されたたたずまい。鶴岡八幡宮の歴史をメインに、鎌倉の魅力を発信する展示を開催している。
※2020年1月より補修工事のため休館、カフェは通常営業

DATA ☎0467-55-9030 住鎌倉市雪ノ下2-1-53 鶴岡八幡宮内 交JR鎌倉駅から徒歩10分 料入館300円 時10時～16時30分(入館は～16時) 休月曜

1 日差しが差し込む明るく開放的なカフェには、2010年に倒伏した大銀杏の一部が展示されている 2 ミュージアムショップでは、本館の建築をモチーフにしたグッズや鎌倉の伝統工芸品などを多数取り揃えている 3 季節ごとに変わる展示にも注目したい

写真提供：鎌倉文華館 鶴岡ミュージアム

比企一族とゆかりの深い日蓮宗最古の古刹

妙本寺

みょうほんじ

MAP P118D3

「比企谷《ひきがやつ》」とよばれる山あいに建立された寺。鎌倉時代の武将、比企一族の邸跡で、2代目将軍頼家は幼少期をここで過ごした。開山である日蓮聖人臨終の際に枕元に掲げられていた聖人直筆の大曼荼羅御本尊が寺宝となっている。

DATA ☎0467-22-0777 住鎌倉市大町1-15-1 交JR鎌倉駅から徒歩9分 料志納 時9～16時 休無休

1 持国天と多聞天が祀られている二天門 2 祖師堂は天保年間の建立で鎌倉最大級の木造建築

“綴る”をテーマにした文具のセレクトショップ

TUZURU

つずる

MAP P120A4

店主が国内外から厳選した万年筆やボールペン、便せん、ポストカードなどの文具が集まる。「書くことのきっかけになれば」という思いから、店の奥にはライティングルームを設置。旅の記念に手紙や絵はがきを書いて帰ろう。DATA ☎0467-24-6569 住鎌倉市扇ガ谷1-1-4 交JR鎌倉駅西口から徒歩4分 時11～18時 休水曜

1 乙女心をくすぐるキュートなディスプレイ 2 ポストカード各165円。お店オリジナルのデザイン。鎌倉にまつわる絵柄を数種類展開する 3 万年筆3300円。イタリアのフィオレンティーナ製。胴部分の木のぬくもりが手に伝わる

良縁の神様へ恋愛成就を祈願

葛原岡神社

くずはらおかじんじゃ

MAP P115B3

後醍醐天皇の家臣である日《ひ》野《の》俊基《としもと》卿を祀る神社だが、近年は恋愛運アップで知られている。お守りを受けるといただける5円玉が付いた赤い紐を縁結び石に結ぶと、良縁に恵まれると評判。恋みくじ200円もぜひ。

DATA ☎0467-45-9002 住 鎌倉市梶原5-9-1 交 JR鎌倉駅西口から徒歩35分 料時休 参拝自由

男石と女石が並ぶ縁結び石。2つの石をつなぐしめ縄に赤い紐が付いた5円玉を結ぶ

珍しい袴腰付楼閣の鐘楼は必見

英勝寺

えいしょうじ

MAP P118C1

徳川家康の側室であるお勝の方が、家康の没後に出家。名を英勝院と改め、先祖供養のために寛永13年(1636)に創建した、現在、鎌倉に残る唯一の尼寺だ。仏殿や唐門《からもん》など5つの重要文化財をもち、名建築の宝庫として名を馳せている。

DATA ☎0467-22-3534 住 鎌倉市扇ガ谷1-16-3 交 JR鎌倉駅西口から徒歩13分 料 拝観300円 時 9～16時 休 木曜

遊歩道が整備された本堂裏手の竹林は、凛とした空気に包まれている

庭園を四季折々の花が彩る寺

海蔵寺

かいぞうじ

MAP P115B3

もともと真言宗の大寺院があったが、鎌倉幕府の滅亡と同時に全焼。その後、応永元年(1394)に足利氏満《あしかがうじみつ》の命で海蔵禅寺として再建。四季折々の花が美しい寺として有名なほか、本堂の欄間の雲龍彫などみどころが豊富。

DATA ☎0467-22-3175 住 鎌倉市扇ガ谷4-18-8 交 JR鎌倉駅西口から徒歩20分 料 拝観志納(十六ノ井拝観100円) 時 9時30分～16時 休 無休

銅葺き屋根とフヨウの花の対比が美しい。関東大震災後に再建されている

上質で使いやすいお箸が評判

箸専門店 和らく

はしせんもんてん わらく

MAP P120A2

鎌倉彫をはじめ、全国の伝統工芸箸を販売。いずれも店主自ら現地に足を運び、厳選した品ばかり。無料で名彫りもしてくれるので、贈り物にも◎。ユニークな箸置きは自分みやげに。

DATA ☎0467-24-0463 住 鎌倉市雪ノ下1-6-28 交 JR鎌倉駅東口から徒歩6分 時 10～18時 休 無休

1

2

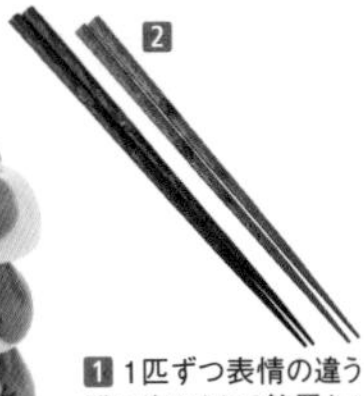

1 1匹ずつ表情の違う猫に癒やされる箸置き4個セット1080円 2 やわらかさと温かみが漆の塗りで表現されている鎌倉彫箸 桜1膳2808円

鎌倉モチーフみやげが充実

WELKAM

うぇるかむ

MAP P120A1

グラフィックデザイナーとしても活躍する鎌倉育ちの店主が地元クリエイターとコラボして作る鎌倉みやげ店。オリジナルTシャツやタンブラー、缶バッジなど、“鎌倉”にちなんだユニークなアイテムが並ぶ。

DATA ☎0467-23-0771 住 鎌倉市雪ノ下1-4-26 交 JR鎌倉駅東口から徒歩7分 時 10～18時 休 無休

1 鎌倉にちなんだ柄の缶バッジ各220円 2 コーヒータンブラー1540円 3 鎌倉の風景が描かれたドリップパック各216円

1

3

2

地元で親しまれる日蓮宗の本山

本覚寺

ほんがくじ

MAP P120B4

日蓮宗の本山で、地元では「日朝《にっちょう》さま」の愛称で親しまれている。鎌倉七福神に数えられる夷神《えびすじん》を境内の夷堂に祀る。夏には、お堂前のサルスベリが鮮やかな赤い花を咲かせ、青空のコントラストが参拝客を楽しませてくれる。

DATA ☎0467-22-0490 住 鎌倉市小町1-12-12 交 JR鎌倉駅東口から徒歩4分 料時休 境内自由

樹齢100年を超すサルスベリの大樹

Omachi Zaimokuza

おおまち・ざいもくざ

大町・材木座

鎌倉時代には商業の地として栄えていたエリア。光明寺をはじめとする古刹も点在しているが、近年はおしゃれなお店などが続々とオープンしている。

ソロタビ PLAN

鎌倉駅から南東側に広がる、比較的閑静なエリアはお寺も数多く存在。海が近く眺望もバツグンなので、景色を楽しみながらおしゃれカフェやショップにも立ち寄ろう。

所要 4時間

Solo tabi Plan

Start 鎌倉駅東口

① 11:00 浄土宗の大本山 光明寺へお参り →P48

高さ約20mの山門のスケールに圧倒される

夏にはハスが見頃に。記主庭園には数種類のハスが咲く

② 12:00 POST by HONEY で 海を眺めながらランチ →P13

海の見えるレストランで鎌倉近郊でとれた食材などを味わおう

テラス席だけでなく店内席でもオーシャンビュー！

③ 13:00 地元で人気の ふわもちドーナツを ぱくり！ →P49

地元の人も太鼓判を押す「べつばらドーナツ」の手作りドーナツは絶品

売り切れ次第閉店なので早めの訪問を

④ 13:30 コトリでキュートな レトロ雑貨をおみやげに →P47

おさんぽ途中に見つけたレトロな雑貨屋さんでおみやげをゲット！

懐かしいデザインの飴のほか、文房具なども販売している

⑤ 14:00 最後は 安養院へ参拝に →P48

4月中旬ごろは見頃を迎えたオオムラサキツツジが門前でお出迎え

北条政子と尊観上人のお墓といわれる宝篋印塔もみどころのひとつ

Goal 鎌倉駅東口

ACCESS

- 鎌倉駅東口
  - 京急バス新逗子駅行きで8分
- バス停材木座
  - 京急バス新逗子駅行きで1分
- バス停光明寺

☎0467-23-3050
鎌倉市観光協会

MAP P121

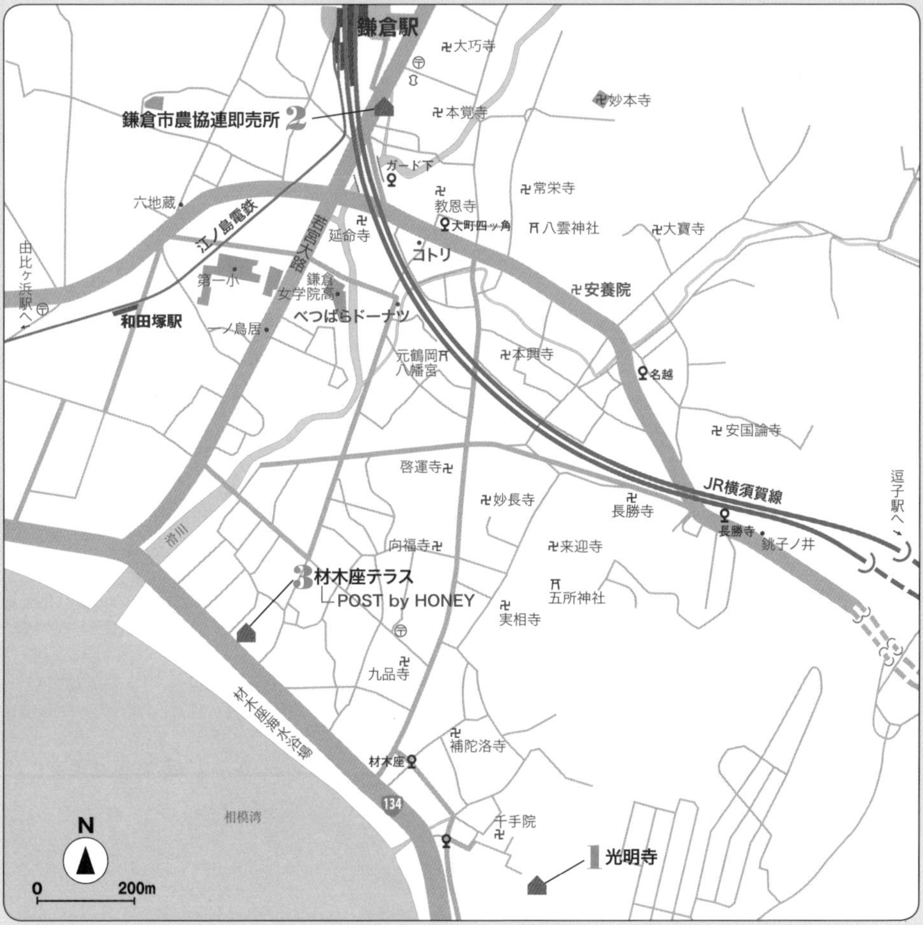

大町・材木座のメインスポット

1 光明寺《こうみょうじ》

春には10本ほどのソメイヨシノが境内を美しく染める。3月下旬にある「観桜会（拝観料500円）では山門から花見が可能。

DATA → P48

2 鎌倉市農協連即売所《かまくらしのうきょうれんそくばいじょ》

とれたての新鮮な鎌倉野菜を農家の人たちが直接販売している。野菜がなくなり次第終了するので早めの訪問が◎。

DATA → P46

3 材木座テラス《ざいもくざてらす》

海沿いに立つ複合施設。絶景が望めるカフェやレストラン、2020年春にはドッグサロン&ホテル、宿泊施設もオープン予定。

DATA → P47

Visiting 鎌倉通も注目のローカルエリアを歩く

大町・材木座で見つける地元御用達のお店

地元の人たちが足繁く通う市場や小さなお店が立つエリアは、近年女性に人気のお店が増えていることで一躍注目の的に。気になるスポットに立ち寄りながら海岸までのんびり歩こう。

ソロタビ **Point**

お気に入りのお店を探す

鎌倉駅から材木座海岸までは、歩いて20分ほど。コトリ(→P47)から先は住宅街のなかにたたずむ個性的なお店を探しながら、散策を楽しみたい。

鎌倉野菜

関東ローム層の比較的肥沃な土壌で育ち、味が濃いのが特徴。レンバイで料理人と生産者が直接ふれあうため、料理人のニーズに応えて希少な野菜も生産している。

3

2

※野菜は季節により並ぶ品種が変わります。価格も時期により変動します

1 地元のシェフも買い付けにくる鎌倉マルシェ

1 鎌倉市農協連即売所《かまくらしのうきょうれんそくばいじょ》

MAP P121B1

昭和3年(1928)にスタートし、「レンバイ」という名で親しまれている。当日または前日まで露地栽培されていた季節の新鮮野菜がずらりと並び、スーパーにはない珍しい西洋野菜が多いのもこの即売所ならでは。プロだけでなく、おみやげとして購入しにくる観光客も多いそう。

DATA ☎0467-44-3851(JAさがみ鎌倉地区運営委員会事務局) 住鎌倉市小町1-13-10 交JR鎌倉駅東口から徒歩5分 時8時ごろ～日没 休1月1～4日

1 レンバイで販売している有機・低農薬野菜は鎌倉野菜が中心 2 生のままスライスしても食べられるカボチャ、コリンキー 3 夏バテ改善に効く成分が豊富に含まれるといわれるモロヘイヤ

徒歩3分

地域密着型のこぢんまりとした複合施設。鎌倉らしいナチュラルな雰囲気

大町の小さなショッピングモール

2 Walk大町《うぉーくおおまち》

MAP P121B2

2011年にオープンし、今や大町を代表する人気のスポットに。天然酵母のベーカリーや、モンブランスタンド、イタリアンなどこだわりある個性豊かな8店舗が集まる。

DATA ☎0467-22-2633 住鎌倉市大町1-1-13 交JR鎌倉駅東口から徒歩5分 時休店舗により異なる

\ こんなお店もあります /

鎌倉しふぉん《かまくらしふぉん》

厳選した国産小麦を使い、 膨張剤などを使わず卵の力のみで作るシフォンケーキの専門店。 定番のプレーンに加え日替わりで6～8種類、 カット292円とホール1750円がある。

DATA ☎0467-23-1833 時10時～17時30分(売切れ次第終了) 休月曜

プレーンプレーン292円。素材の味が生きた絶妙な配合が生む独特の食感

北鎌倉燻煙工房 市場店《きたかまくらくんえんこうぼう いちばてん》

ウイスキー樽の最高級チップで丁寧に手作りしているスモークチーズ専門店。 珍しいクルミ入りのスモークチーズは赤ワインに合うと評判。 かわいいワッフル形も人気の秘密だ。

DATA ☎050-1087-4779 時10時30分～16時30分 休無休

クルミ入り手づくりスモークチーズ880円。クルミの香ばしさがチーズのうま味をさらに引き立てる

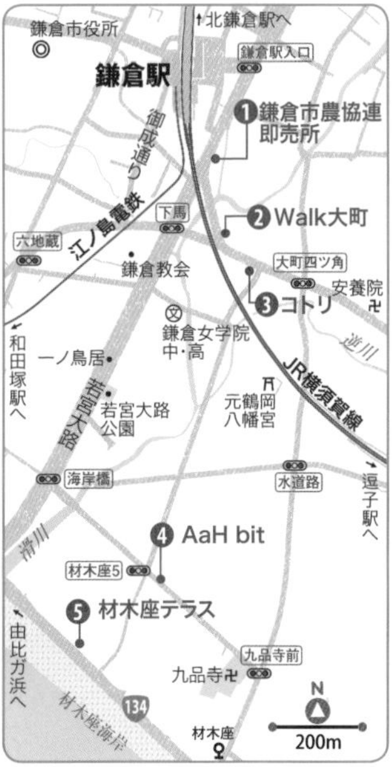

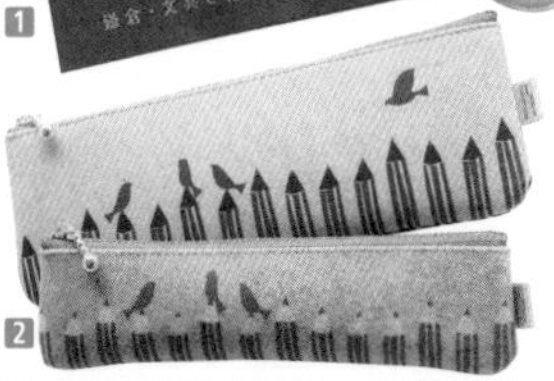

1 コトリ飴2個入り198円。コトリ模様の金太郎飴は、レトロかわいいパッケージもポイント 2 ペンケース（大）1540円。フェルト製のコトリ柄手作りペンケース。小1320円もある 3 ポチ袋286円と紙袋165円。オリジナルペーパーで手作り。ポチ袋は4枚入り、紙袋は2枚入り 4 遊び心満点の創作グッズたちが揃う

ココでしか買えないモノも!

3 コトリ《ことり》

MAP P121B2

イラストレーターや写真家、建築家など多彩な分野で活躍する8名が開いた文具店。自分たちでデザインした限定品も多数。オリジナル雑貨が当たるコトリガチャ1回300円も。

DATA ☎0467-40-4913 住鎌倉市大町2-1-11 交JR鎌倉駅東口から徒歩7分 時11～18時 休月曜不定休

徒歩3分

徒歩10分

徒歩5分

1 レストラン「POST by HONEY（→P13）」のテラス席で海を眺めながらのモーニングも◎ 2 ヤシに囲まれ南国ムード満点

海一望の爽快な複合施設

5 材木座テラス《ざいもくざてらす》

MAP P121A3

材木座海水浴場の目の前に立つ複合施設。開放的な施設内には、レストラン、ショップ、スタジオ、サーフクラブがラインナップ。2020年春には宿泊施設やドッグサロンがオープン予定。

DATA ☎店舗により異なる 住鎌倉市材木座5-8-25 交JR鎌倉駅東口から徒歩20分 時休店舗により異なる

体によくてしかもおいしい低GIのお菓子

4 AaH bit《あー びっと》

MAP P121A3

白砂糖や小麦粉を一切使用しないグルテンフリーのケーキと焼き菓子を提供。甘みはリンゴから抽出するアップルハニーでつけて、小麦粉の代わりに米粉などを使用。血糖値の上昇が緩やかなのでスポーツ途中の補給食にもぴったり。

DATA ☎0467-53-9739 住鎌倉市材木座3-9-26 交JR鎌倉駅東口から徒歩20分 時10～18時 休水曜

1 店内でイートインもできる 2 一番人気のNYチーズケーキ400円。クリームチーズたっぷりの濃厚なチーズケーキ 3 ココナツブルーベリー400円。乳製品、卵不使用のケーキで、ココナツオイルとメープルシロップで味付けされている

大町・材木座の

立ち寄りSPOT

閑静な住宅街のなかに歴史ある寺院が並ぶ大町・材木座。お寺参りのあとは、地元の人に愛されるセレクトショップやパン屋さんを巡ろう！

後ろには山と海が望める湘南四大寺のひとつ

光明寺

こうみょうじ

MAP P121B4

鎌倉幕府4代執権・北条経時が寛元元年(1243)に、浄土宗の高僧である然《ねん》阿《な》良《りょう》忠《ちゅう》を招いて開山。高さが20mもある鎌倉で最大級の山門や、国の重要文化財に指定されている大殿(本堂)などが浄土宗大本山の風格をたたえている。 毎年10月13・14日に行われる十夜法要は露店が立ち、多くの人で賑わう。 DATA ☎0467-22-0603 住 鎌倉市材木座6-17-19 交 バス停光明寺から徒歩1分 料 拝観志納 時 6～17時(10月16日～3月31日は7～16時) 休 無休 ※商用の撮影は不可

1

2

3

1 大殿(本堂)は元禄11年(1698)に建立。幅、奥行きともに約25mで、現存する木造古建築では鎌倉市最大の規模を誇る 2 江戸時代の作庭家、小堀遠州ゆかりの記主庭園。7～8月にかけて赤、白、数種類のハスが楽しめる 3 1階が和風、2階が中国風の珍しい様式の山門。高さ約20mと鎌倉で最大級だ

日蓮聖人が『立正安国論』を執筆した地として有名

安国論寺

あんこくろんじ

MAP P121B3

鎌倉入りした日蓮聖人が最初に草庵を結んだ場所。幕府から苛烈な迫害を受けながら、文応元年(1260)に政治・宗教のあるべき姿を示した『立正安国論』を執筆した古刹だ。境内には富士山も見える富士見台などみどころがたくさん。 DATA ☎0467-22-4825 住 鎌倉市大町4-4-18 交 JR鎌倉駅東口から徒歩15分 料 拝観100円 時 9時～16時30分 休 月曜(祝日の場合は開門) ※室内は写真撮影不可

扁額に「立正安国」と刻まれた本堂の前には、樹齢350年といわれるサザンカやシダレモモなどが咲く

夏にはツツジが咲き誇る北条政子ゆかりのお寺

安養院

あんよういん

MAP P121B2

嘉禄元年(1225)、北条政子が夫である源頼朝の菩提を弔うため、笹目ヶ谷(御成中学校の南西側)に創建した長楽寺が前身。その後、鎌倉幕府滅亡の際に消失したため、大町にあった善導寺に統合されて安養院長楽寺となった。 山門のオオムラサキツツジは、鎌倉の初夏の風物詩だ。 DATA ☎0467-22-0806 住 鎌倉市大町3-1-22 交 JR鎌倉駅東口から徒歩12分 料 拝観100円 時 8時～16時30分 休 7月8日、12月29～31日 ※山門内は写真撮影不可

1

2

1 2基の宝篋印塔のうち、大きい方が善導寺開山の尊観上人のお墓、小さい方が北条政子のお墓といわれている 2 オオムラサキツツジは大正期に植樹された。山門の屋根の四隅にあしらわれた波の飾り瓦にも注目

おみやげに最適の手作りパン

mamane《ままね》

MAP P121A3

自家製酵母と北海道産小麦を使い、溶岩窯で焼き上げる味わい深いパンが好評。全粒粉50%、ライ麦入り、デニッシュ、菓子パン系と生地のタイプは4種類。季節替わりのパンを含め、およそ20種類が店頭に並ぶ。DATA▶ ☎0467-23-6877 住鎌倉市材木座5-9-31 交JR鎌倉駅東口から徒歩15分 時11時30分～18時(変動あり) 休日～火曜

1 地元作家の雑貨なども販売 2 クロワッサン230円。全粒粉とふすまを混ぜている 3 りんごのデニッシュ 290円。紅玉の甘酸っぱさがデニッシュ生地とマッチ

ハワイ発アパレルブランドのショップ&カフェ

FEEL ALOHA Café Zaimokuza《ふぃーる あろは かふぇ ざいもくざ》

MAP P121B4

アジアファッションアワードにも参加したアパレルブランドbeachmeを中心としたアパレル&カフェ。2019年夏に犬同伴OKのカフェにリニューアルし、テラス席、店内ともに海を眺めながらゆっくりくつろぐことができる空間に。DATA▶ ☎0467-53-8937 住鎌倉市材木座6-4-21 交バス停材木座から徒歩1分 時10時30分～17時(夏期は～18時30分) 休水曜

1 ビーチスタイルにぴったりなアイテムが揃う 2 レインボーの看板が目印 3 アイランド・ヴィンテージ・コーヒーレギュラー600円(左)、ラージ750円(右)

週4日のみ買えるドーナツ

べつばらドーナツ《べつばらどーなつ》

MAP P121B2

市内のカフェやイベントで販売していた人気ドーナツ店が実店舗をオープン。毎日数種類が登場するドーナツは、ひと晩かけて発酵させるもちっとした食感。売り切れ次第閉店してしまうので、早めの来店がおすすめ。DATA▶ ☎0467-23-7680 住鎌倉市材木座1-3-10 交JR鎌倉駅東口から徒歩10分 時9時～売り切れ次第終了 休火～木曜

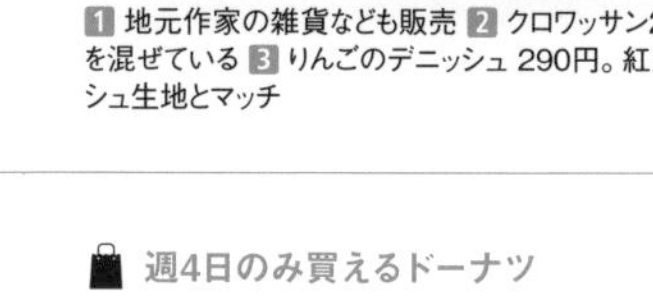

1 右からシュガー、ラムレーズン、シナモン各250円 2 ショーケースにはもちもちとした食感のドーナツが各種並ぶ

レトロな雰囲気に包まれる

日進堂《にっしんどう》

MAP P121B2

地元で愛されるパン屋さん。人気商品は午前中に売り切れてしまうほどで、菓子パン以外にもカレーパンなどの惣菜パンも並ぶ。DATA▶ ☎0467-22-0479 住鎌倉市大町2-2-3 交JR鎌倉駅東口から徒歩8分 時7～18時 休無休

1 コロネはイチゴクリーム、モカなど種類豊富で各150円 2 小倉あんぱん、サツマイモアンパン各140円

人気雑誌プロデュースのお店

MY HONEY《まいはにー》

MAP P121A3

ビーチライフスタイル誌『HONEY』の誌面から飛び出したリアルショップ。編集部員がセレクトしたアパレル、雑貨、サーフアイテムなどが揃う。DATA▶ ☎0467-61-1452 住鎌倉市材木座5-8-25 材木座テラス 交JR鎌倉駅東口から徒歩20分 時10～19時(4～10月は～20時) 休無休(4～10月は第2月曜休み)

雑誌の世界観を体感できるショップ

Kita Kamakura

きたかまくら

北鎌倉

鎌倉五山第一位の建長寺など、由緒ある古刹が点在している寺社巡りが楽しいエリア。懐石料理店や甘味処も多く、五感で和の風情を感じられる趣深さが魅力。

ソロタビ PLAN

北鎌倉駅を出るとすぐ円覚寺の境内になる。寺巡りを楽しみながら、古都ならではの料理や甘味も併せて味わいたい。四季折々の花や紅葉の時期にあわせて出かけるのもよい。

所要 6時間

Start 北鎌倉駅

↓

Solo tabi Plan

① 10:00 文豪に愛された名刹 円覚寺を散策

→P52

夏目漱石の『門』の舞台ともなった重厚な三門

143段の石段を登った先にある洪鐘は鎌倉三名鐘のひとつ

↓

② 11:00 個性派ミュージアムで作品鑑賞

→P59

画家で詩人の葉祥明氏の個人美術館

ノスタルジックな雰囲気漂う北鎌倉古民家ミュージアム

↓

③ 13:00 お店自慢の一品でランチタイム

→P15・56

鎌倉五山は、建長寺に由来するけんちん汁の発祥といわれる店

北鎌倉 ぬふ・いちでは鎌倉野菜をふんだんに使ったスープカレーが味わえる

↓

④ 14:00 老舗甘味処の三日月堂・花仙で癒やしの時間

→P56

白玉ぜんざいをはじめ、10種類以上の甘味が揃う

やさしい味わいの甘味と趣のある空間でひと休み

↓

⑤ 15:00 鎌倉五山のひとつ建長寺へ

→P54

鳥の翼のような屋根が印象的な三門

境内の一番奥にある階段を上ると見える、建長寺の鎮守・半僧坊

↓

Goal 北鎌倉駅

ACCESS

■ 鎌倉駅

JR横須賀線で2分

■ 北鎌倉駅

☎0467-23-3050
鎌倉市観光協会

MAP P114-115

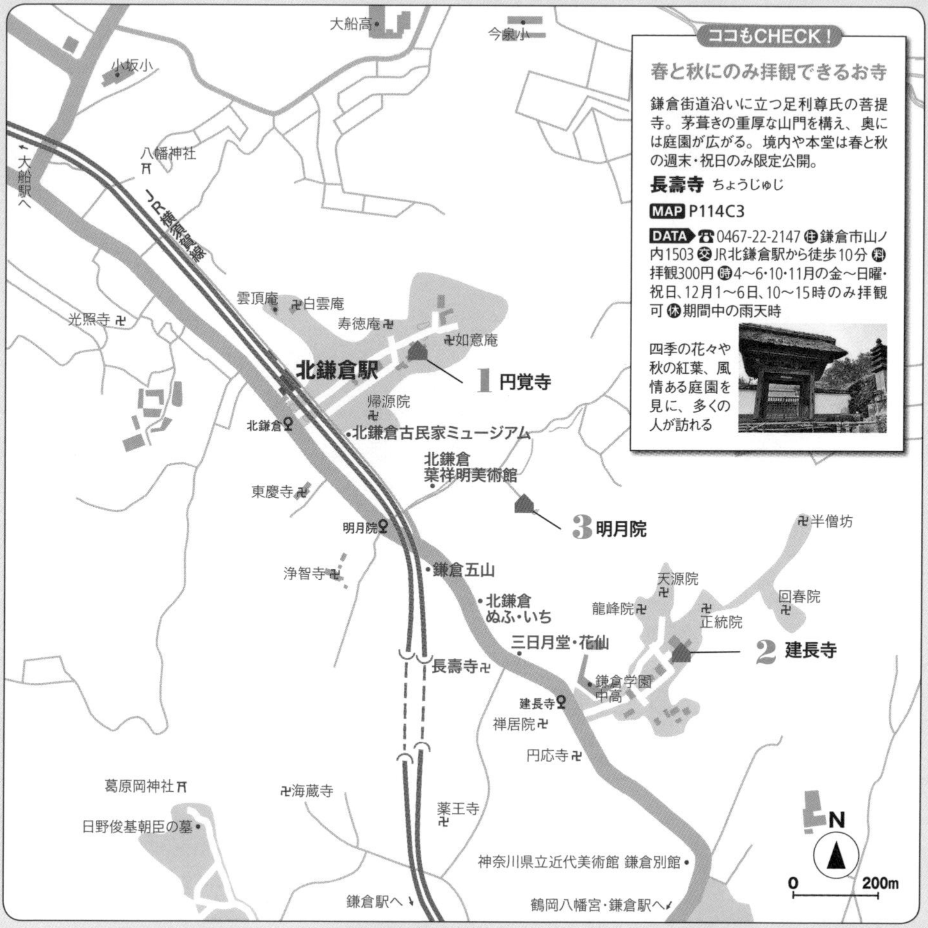

ココもCHECK！

春と秋にのみ拝観できるお寺

鎌倉街道沿いに立つ足利尊氏の菩提寺。茅葺きの重厚な山門を構え、奥には庭園が広がる。境内や本堂は春と秋の週末・祝日のみ限定公開。

長壽寺 ちょうじゅじ

MAP P114C3

DATA ☎0467-22-2147 ㊟鎌倉市山ノ内1503 ㊋JR北鎌倉駅から徒歩10分 ㊕拝観300円 ㊌4～6・10・11月の金～日曜・祝日、12月1～6日、10～15時のみ拝観可 ㊡期間中の雨天時

四季の花々や秋の紅葉、風情ある庭園を見に、多くの人が訪れる

北鎌倉の古刹をめぐるならココ

1 円覚寺《えんがくじ》

元寇の戦死者を慰霊するため、鎌倉幕府第8代執権北条時宗が創建。舎利殿と洪鐘の2つの国宝は必見。

DATA →P52

2 建長寺《けんちょうじ》

臨済宗建長寺派の大本山。主要な建物が一直線に並ぶ禅宗様式の伽藍配置は宋の五山万寿寺を手本にしたといわれる。

DATA →P54

3 明月院《めいげついん》

6月になると参道から境内まで淡いブルーのヒメアジサイで埋め尽くされ、別名「アジサイ寺」ともよばれている。

DATA →P58

うっそうと茂る杉木立に囲まれて立つ姿は名刹ならではの風格を感じさせる

山門 さんもん

天明5年(1785)に禅僧・大用国師《だいゆうこくし》によって再建された山門は、杉木立の緑と相まって荘厳な雰囲気を醸し出す。

ソロタビPoint

充実のフォトスポット

山門の裏手や居士林の前などがおすすめのフォトスポット。特に潮風の影響が少なく、幾層にも重なる色鮮やかな紅葉がおすすめ。

Visiting さまざまな文学作品の舞台にもなった

室町文化の粋を伝える名刹・円覚寺を散策

堂々とした風格で多くの文豪を魅了してきた円覚寺は、四季折々の花や紅葉の名所でもある。小高い場所に立つ境内茶屋からの眺望もすばらしく、穏やかな時が流れている。

仏殿 ぶつでん

本尊の宝冠釈迦如来像が安置されている。天井画の白龍図は大和絵の著名な画家・前田青邨《せいそん》とその弟子・守屋多々志《もりやただし》によって描かれた。

1 龍が天に昇るときにたくさんの雨を降らせるという言い伝えから火災防止を表すなどといわれる
2 境内では比較的新しい建物

季節の花をチェック！

梅 (2月中旬～3月中旬)
仏殿や選仏場前、居士林などで、白やピンクの愛らしい花が見られる

ヤマブキ (4月中旬～下旬)
境内奥に向かう坂道では、大きなヤマブキが花を咲かせる

アジサイ (6月中旬～下旬)
参道沿いや山門の杉木立、仏殿の周辺は梅雨どきに人気のスポット

大伽藍を包み込む色彩美に浸る

円覚寺
えんがくじ

MAP P114C1

元寇の戦死者を慰霊するため、鎌倉幕府の第8代執権北条時宗が弘安5年(1282)に創建した由緒ある古刹。開山は中国の僧・無学祖元《むがくそげん》で、臨済宗円覚寺派の大本山。江戸幕府による再建や復興で、ほぼ創建時の伽藍配置が見られる。舎利殿と洪鐘の2つの国宝は必見。坐禅会や写経会も行っている。

DATA ☎0467-22-0478 住鎌倉市山ノ内409 交JR北鎌倉駅から徒歩1分 料拝観300円 時8時～16時30分(12～2月は～16時) 休無休

国宝 洪鐘 こくほう おおがね

直径1.42m、高さ2.6mの鐘。鎌倉三名鐘のひとつで、正安3年（1301）、北条貞時が国家安泰を祈願して寄進した。

東日本最大の大きさを誇り、昭和28年（1953）に国宝に指定されている

佛日庵 ぶつにちあん

円覚寺の開基・北条時宗を祭る寺院。季節の花々で彩られ、緑深い苔庭も趣がある。拝観料込600円で抹茶もいただけ、落語などが楽しめる「お坊さんアカデミー」を不定期で開催。

DATA ☎0467-25-3562 住鎌倉市山ノ内434 交JR北鎌倉駅から徒歩10分 料拝観100円（円覚寺とは別途）時9時～16時30分（12～2月は～16時）休不定休

円覚寺の門から徒歩約4分の場所に立つ。開基廟などがみどころ

舎利殿 しゃりでん

建造物としては神奈川県で唯一、国宝に指定されている。通常は非公開だが、正月三が日とGW、11月の宝物風入時に建物外観を公開する。

源実朝が宋から請来した「佛牙（ぶつげ）舎利」というお釈迦様の歯を祀る

妙香池 みょうこうち

創建当初からある放生池で、2000年に江戸時代初期の絵図に基づき、自然の姿に復元された。

向こう岸の露出した岩盤を虎の頭に見立て、虎頭石とよぶ

総門 そうもん

行事の際には、北条家の家紋である「三つ鱗」の幕が掛けられる。拝観料はここで支払う。

紅葉の季節には、総門を囲むように木々が美しく色づく

\ 境内の甘味処でひと休み /

円覚寺 如意庵茶寮 安寧

えんがくじ にょいあんさりょう あんねい

MAP P114C1

境内にある如意庵を、水～金曜と第2土曜のみカフェとして開放。抹茶やコーヒー、あんみつなどがあり、お盆には境内で摘んだ季節の草花がさりげなく添えられている。

DATA ☎080-7741-0683 時10～16時 休日～火曜、第2土曜以外の土曜 ※拝観料300円が必要

1 安寧あんみつ1000円。フルーツは季節により異なる 2 緑に囲まれた縁側の席と畳の席がある

境内のココにも注目

居士林《こじりん》

出家をしていない在家の修行者・居士のための道場。現在も初心者でも参加できる土曜坐禅会などを開催している。

百観音《ひゃくかんのん》

江戸時代、拙叟尊《せっそうそん》者《じゃ》が境域内に100体の観音由来を祀ったことが起源。現在は33体の観音像が並ぶ。

唐門《からもん》の彫刻

天保10年（1839）に建てられた唐門（勅使門）の扉には、見事な飛龍や鳥の彫り物が施されている。

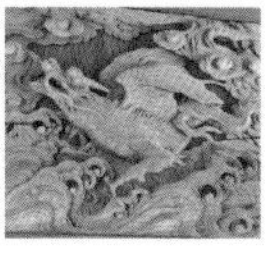

Visiting 日本初の禅道場は北鎌倉の顔

格式高い禅宗寺院の建長寺へおまいり

鎌倉五山第一位の巨刹。まっすぐに並ぶ三門、仏殿、法堂など主要の建物をめぐり、境内最奥の半僧坊まで登ると、由比ヶ浜や富士山の美しい景観を望むことができる。

仏殿 ぶつでん

室町時代につくられた地蔵菩薩坐像をご本尊として安置されている。釈迦仏が多い禅寺の本尊としては珍しい例。仏殿の内部には、華麗な彫刻が施されている。

1 像高は約2.4mもある。また、当時仏殿は将軍正室の霊屋(たまや)であったという 2 格子天井の見事な絵や欄間の彫刻など、当時の職人の高い技術がうかがえる

季節の花をチェック！

桜 (3月下旬～ 4月上旬)

総門から半僧坊へ抜ける参道では、美しい桜並木を見ることができる

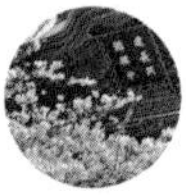

ハス (7月中旬～ 8月上旬)

仏の智慧《ちえ》や慈悲の象徴とされるハスの鉢が参道に並べられる

サザンカ (11月下旬～12月上旬)

秋も深まる晩秋には、赤やピンクの可憐な花が境内各所に咲き誇る

ソロタビPoint

道なりに歩いて半僧坊へ

主要な建物は移動時間がかからずに拝観できる。禅の世界を感じながら、半僧坊を目指そう。参拝後は鎌倉五山 (→P15) でけんちん汁を。

日本における禅宗の起源の寺院

建長寺

けんちょうじ

MAP P114D3

臨済宗建長寺派の大本山で、建長5年(1253)、北条時頼《ときより》により創建された。日本初の禅宗道場であり、「建長汁(けんちん汁)」が生まれた寺としても知られる。宋の五山である万寿寺を手本に、三門、仏殿、法堂《はっとう》など主要な建物が一直線に並ぶ、中国式の伽藍配置が特徴。境内は国の史跡に指定されている。

DATA ☎0467-22-0981 住 鎌倉市山ノ内8 交 JR北鎌倉駅から徒歩15分 料 拝観500円 時 8時30分～16時30分(一般拝観不可の場所あり) 休 無休

三門 さんもん

安永4年(1775)建立。銅板葺きの二重門は重厚感あるたたずまい。壁や門扉を持たず、仁王像などを置かないシンプルな造りで禅の世界を体現している。

非公開の上層には五百羅漢像などを安置している

法堂天井画雲龍図
はっとうてんじょうがうんりゅうず

縦10m、横12mに及ぶ大迫力の雲龍図。鎌倉に暮らしていた日本画家・小泉淳作氏が1年以上の歳月をかけて製作し、2000年に奉納された力作。堂内には千手観音像が安置されている。

中国で「五爪（ごそう）の龍」は天下を治める者を意味する天子の象徴

方丈庭園 ほうじょうていえん

初代住職・蘭渓道隆《らんけいどうりゅう》が造った国指定史跡の庭園。優美な曲線を描く池の形は、漢字の「心」をかたどっているといわれる。

池の周りを囲むように、バランスよく緑が配されている

半僧坊 はんそうぼう

境内の最奥にある鎮守所。約250段続く階段には十数体の天狗像が安置され、上った先の境内からは富士山や由比ヶ浜などの絶景が望める。

本尊の半僧坊大権現は招福や火除けのご利益があるという人気のパワースポット

梵鐘 ぼんしょう

円覚寺（→P52）、常楽寺の鐘と並ぶ、鎌倉三名鐘のひとつ。創建当時から残る数少ない寺宝であり、国宝にも指定されている。

北条時頼の発願により、関東の鋳物師の筆頭であった物部重光（もののべのしげみつ）が鋳造

正保4年（1647）に、東京芝の増上寺から移築

唐門 からもん

もとは江戸幕府2代将軍・徳川秀忠の妻、お江の遺体を葬送前に安置した霊屋の門だった。

総門（巨福門）
そうもん（こふくもん）

天明3年（1783）に京都で建立されたものを移築。額に掲げられた「巨福山」は建長寺の山号。

「巨福山」は中国出身の第10代住職一山一寧（いっさんいちねい）の筆によるもの

こんな体験もできます

写経会 しゃきょうかい

毎日10～15時入場で、般若心経（約60分）、延命十句観音経（約20分）の写経会を開催。志納金1000円、申込み不要で参加できる。

坐禅会 ざぜんかい

毎週金・土曜の16時30分～17時30分に坐禅体験ができる。参加費無料、申込み不要。

※写経会、坐禅会とも別途拝観料が必要

北鎌倉の

ソロタビグルメ

鎌倉野菜やイタリアンが味わえる名店や、古民家ならではの風合いを残したカフェなど、魅力的なお店が点在する北鎌倉には、心地よい時間が流れている。

食材の持ち味を引き出す人気沸騰の絶品野菜カレー

杲心庵
てんしんあん

MAP P114C3

建長寺の門前にたたずむ食事処。「鎌倉に、少しだけ触れていただく」をコンセプトに、建長寺から直接調理法を教わった伝承 建長《けんちん》汁《じる》990円(塩むすび、季節の小鉢付き)など、地元の食材にこだわったメニューを提供する。 DATA ☎0467-55-9350 住 鎌倉市山ノ内7 交 JR北鎌倉駅から徒歩15分 時 11～15時LO、18～22時(夜は要予約) 休 月曜(祝日の場合は営業)

カウンター席 5席　ベストタイム 11:00～15:00

1 円窓から庭園を望める坐禅堂もある 2 建長寺の禅僧が作ったものが発祥とされる建長汁 3 湘南野菜の鎌倉はちみつカレー1530円。スパイスとハチミツが、約10種類の湘南野菜のうま味を引きだしてくれる

和洋折衷を楽しめる、懐かしさ感じる古民家カフェ

狸穴cafe
まみあなかふぇ

MAP P115B2

北鎌倉駅のほど近くに立つ、一軒家の古民家カフェ。アンティーク家具が置かれた飴色の店内は広々としていて落ち着ける。カフェメニューほか、鎌倉ハムを使ったビーフシチュー、ピタサンドなどランチも充実。 DATA ☎0467-33-4866 住 鎌倉市山ノ内403 交 JR北鎌倉駅から徒歩2分 時 11～17時LO(季節により変動あり) 休 不定休

カウンター席 24席　ベストタイム 14:00～15:00

1 そば店だった建物をリノベーションした 2 ブルゴーニュ風ビーフシチュー2090円(ランチタイム)は限定30食

一軒家の老舗甘味処ぜんざいでほっとひと息

三日月堂・花仙
みかづきどう かせん

MAP P114C3

90年を超える歴史をもつ鎌倉街道沿いの甘味処。国産の本葛など厳選素材を使い、丁寧に作られる甘味が評判で、あんみつ1100円やくずきり1100円など10種類以上が揃う。鎌倉どらやき234円は神奈川県指定銘菓の定番みやげ。 DATA ☎0467-22-8580 住 鎌倉市山ノ内133-11 交 JR北鎌倉駅から徒歩11分 時 9～16時LO 休 無休

カウンター席 なし　ベストタイム 9:00～12:00

1 純和風建築の店内。テーブルには季節の花々が飾られている 2 白玉ぜんざい1100円。米粉で作るもちもちの白玉が、すっきりした甘みのぜんざいにマッチ

和モダンな装いの店内で本格ナポリピッツァを堪能

Takeru Quindici《たける くいんでぃち》

MAP P114C2

東慶寺の門前にたたずむ古民家ながら、実は南イタリア料理が大人気のレストラン。落ち着いた雰囲気で居心地がよく、ナポリで修業したシェフが石窯で焼くピッツァは耳までもちもちと評判。

DATA ☎0467-23-7355 住 鎌倉市山ノ内1384 交 JR北鎌倉駅から徒歩3分 時 12～14時LO、18～22時LO(土・日曜、祝日は昼のみ2部制12時～13時50分、14時10分～16時、夜18～22時LO) 休 火曜、ほか月1回不定休あり

カウンター席 8席　ベストタイム 20:00～22:00

1

2

1 和の装いを残した店内は落ち着いた雰囲気 2 Aランチ1600円。季節ごとに替わる前菜と、ピザまたはパスタが選べる

日本家屋でまったりコーヒータイム

喫茶吉野《きっさよしの》

MAP P115B2

東慶寺の階段下に立つ喫茶店。コーヒーはサイフォンで丁寧にいれる本格派。北欧製のアンティークカップで提供される。ブランデーがほんのり香るドライフルーツ入りのフルーツケーキ450円も人気。

DATA ☎0467-24-9245 住 鎌倉市山ノ内1379 交 JR北鎌倉駅から徒歩3分 時 10時～16時30分LO 休 不定休

カウンター席 なし　ベストタイム 10:00～12:00

1

2

1 鎌倉らしい日本家屋の喫茶店 2 ケーキセット(コーヒー付き)980円。写真はフルーツケーキ。ほか、パウンドケーキ、クッキーから選べる

鎌倉野菜たっぷりのスープカレーが人気の店

北鎌倉 ぬふ・いち《きたかまくら ぬふ いち》

MAP P114C2

鎌倉野菜のスープカリーには網焼き、ソテー、甘煮など、多彩な調理法を駆使した16種類以上の野菜をトッピング。約10種類のスパイスが入ったスープは、油控えめでヘルシーな仕上がりに。

DATA ☎0467-61-2701 住 鎌倉市山ノ内159 交 JR北鎌倉駅から徒歩10分 時 11～16時(食材がなくなり次第閉店) 休 不定休

カウンター席 4席　ベストタイム 13:30～14:00

鎌倉野菜のスープカリー1600円。プラス200円でドリンクも付けられる

川のせせらぎを聞きながら抹茶と愛らしい和菓子を

茶寮 風花《さりょう かざはな》

MAP P114C2

明月院門前に立つ茶寮。天気がいい日は、川のせせらぎが心地いい縁台がおすすめだ。卯年に開店したことにちなんで作られた名物のうさぎまんじゅうは、ふっくら生地の中にホクホク栗あん入り。

DATA ☎0467-25-5112 住 鎌倉市山ノ内291 交 JR北鎌倉駅から徒歩9分 時 10～17時LO 休 水曜(祝日の場合は翌日)

カウンター席 なし　ベストタイム 11:00～14:00

うさぎまんじゅう抹茶セット800円。蒸したてほかほかのまんじゅうは見た目にも愛らしい

北鎌倉の

立ち寄りSPOT

古都・鎌倉を象徴する名刹が集結するエリア。名刹を巡ったあとは、文化人たちに愛されるいなりずしの店など、鎌倉街道沿いの散策を楽しみたい。

尼寺の風情を色濃く残す禅寺

東慶寺

とうけいじ

MAP P115B2

鎌倉幕府8代執権・北条時宗の妻である覚山尼《かくさんに》が弘安8年(1285)に創建。鎌倉尼寺五山のなかでは現存する唯一の寺院で、明治35年(1902)までは男子禁制だった。かつて女性からは離婚できなかった時代に、「縁切り寺」「駈込寺《かけこみでら》」として多くの女性を救った。現在は臨済宗円覚寺派の男僧の禅寺。DATA 0467-22-1663 住 鎌倉市山ノ内1367 交 JR北鎌倉駅から徒歩4分 料 拝観200円(松岡宝蔵は展示により変更あり) 時 8時30分～16時30分(10～3月は～16時) 休 無休(松岡宝蔵は月曜休館、祝日の場合は開館)

1 水月堂に安置された県の文化財に指定される水月観音坐像。拝観には事前予約が必要、特別拝観料300円 2 実際にあった駆け込みの例を記録した『松岡日記』や、寺法書、蒔絵、仏像などの寺宝を展示する宝物館も松岡宝蔵 3 正方形の建物に対して三角形の屋根板を4枚使用する宝形造の本堂

"明月院ブルー"とよばれるアジサイの名所

明月院

めいげついん

MAP P114C2

6月になると参道から境内まで淡いブルーのヒメアジサイで埋め尽くされ、別名「アジサイ寺」ともよばれている(→P6)。永暦元年(1160)に創建された明月庵を起源とし、のちに北条時宗が建立した禅興寺の子院として明月院と改められた。DATA 0467-24-3437 住 鎌倉市山ノ内189 交 JR北鎌倉駅から徒歩10分 料 拝観500円 時 9～16時(6月8時30分～17時) 休 無休

1 明月院やぐらは間口約7m、奥行6m、高さ3mの鎌倉最大の洞窟墓 2 喫茶スペースの月笑軒では抹茶と和菓子700円を提供 3 庭園のひとつ、後庭園は堂内の丸い「悟りの窓」からのみ望める

県指定重要文化財の三世仏を祀る名刹

浄智寺

じょうちじ

MAP P114C2

若くして亡くなった北条時頼の三男・宗政の菩提を弔うため、弘安4年(1281)に創建。鎌倉五山第四位に位置づけられ、臨済宗円覚寺派に属する。境内は国の史跡に指定されている。DATA 0467-22-3943 住 鎌倉市山ノ内1402 交 JR北鎌倉駅から徒歩8分 料 拝観200円 時 9時～16時30分 休 無休

1 山門。鎌倉で唯一の中国式鐘楼門で、2階に掛かる鐘は県の文化財 2 過去(阿弥陀如来)、現在(釈迦如来)、未来(弥勒菩薩)を象徴する木造三世仏坐像を安置する仏殿

心が和むやさしい世界へ

北鎌倉 葉祥明美術館

きたかまくら ようしょうめいびじゅつかん

MAP P114C2

淡い色調でシンプルな作風が有名な、画家で詩人、絵本作家の葉祥明氏の個人美術館。レンガ造りの建物やインテリアなどは“美術館全体が絵本のように”とデザイン。絵本の原画、水彩画デッサンなどを展示している。DATA ☎0467-24-4860 住 鎌倉市山ノ内318-4 交 JR北鎌倉駅から徒歩7分 料 入館600円 時 10〜17時 休 無休

やさしい色合いで描かれた、美しい原画の数々に癒やされる

古民家で芸術作品を鑑賞

北鎌倉古民家ミュージアム

きたかまくら こみんかみゅーじあむ

MAP P114C2

築100年以上の古民家を移築した美術館。毎年好評の雛人形展、あじさい展のほか、四季折々のテーマで企画展を開催。昔ながらの風情が残る館内で展示を楽しもう。DATA ☎0467-25-5641 住 鎌倉市山ノ内392-1 交 JR北鎌倉駅から徒歩3分 料 入館500円 時 10〜17時(季節・展示により変動あり) 休 無休(展示替えによる休館あり)

100年以上前の蔵や農家を福井県から移築合体して建てられた

圧巻の閻魔大王像に注目

円応寺

えんのうじ

MAP P114C3

本堂には人間の生前の行いを裁くと信じられる十王像が安置されており、圧倒的な迫力を誇る。中心に鎮座するのは本尊の閻魔《えんま》大王坐像で、仏師・運慶の作と伝わり、国の重要文化財に指定されている。DATA ☎0467-25-1095 住 鎌倉市山ノ内1543 交 JR北鎌倉駅から徒歩17分 料 拝観200円 時 9〜16時(12〜2月は〜15時) 休 不定休

寄木造の閻魔大王坐像は像高187.5cmもある。笑っているようにも見えることから「笑い閻魔」ともよばれている

独創的なフレーバーが魅力

Chocolaterie CALVA 北鎌倉 門前

しょこらとりー かるゔぁ きたかまくら もんぜん

MAP P115B2

大船の人気店「パティスリーCALVA」のオーナーパティシエ・田中二朗氏が手がけるショコラトリー。素材の組み合わせが見事。DATA ☎0467-38-6259 住 鎌倉市山ノ内407 交 JR北鎌倉駅から徒歩2分 時 10〜17時(季節により変動あり) 休 火・水曜

1 円覚寺の門前に店を構える
2 ショコラ6個入り1964円。30種以上のなかから好きなフレーバーをセレクト。木箱入りで贈り物にも最適

鎌倉街道沿いのベーカリー

にちりん製パン

にちりんせいぱん

MAP P114C2

素朴ながら味わい深いパンが揃う1坪ほどのこぢんまりとしたベーカリー。見た目もかわいいスイーツパンから、全粒粉入りで砂糖も乳製品も使用せず作られる本格派の食パンまでジャンルが幅広い。DATA ☎0467-67-3187 住 鎌倉市山ノ内1388 交 JR北鎌倉駅から徒歩4分 時 10時30分〜17時(売り切れ次第終了) 休 木・金曜(祝日の場合は営業)

1 ホワイトチョコとクルミを包んだハリネズミ240円
2 黒い屋根に赤いレンガ作りが目を引く外観

売り切れ御免!のいなりずし

光泉

こうせん

MAP P115B1

昭和26年(1951)に創業。メニューはいなりずしのみの折詰と巻物入りの折詰の2種類のみ。注文を受けてから作るため、事前予約がおすすめ。DATA ☎0467-22-1719 住 鎌倉市山ノ内501 交 JR北鎌倉駅から徒歩1分 時 10〜15時(売り切れ次第終了) 休 火曜

1 美食家で知られる北大路魯山人や映画監督・小津安二郎にも愛された
2 いなりずし のり巻 かっぱ巻き680円。いなりずしは甘辛く煮付けた油揚げで包んだ逸品

Kanazawa Kaidou

かなざわかいどう

金沢街道

竹庭が自慢の報国寺や、枯山水庭園をもつ浄妙寺など、景観美を誇る寺社が多い。小路に入ればおしゃれなレストランやカフェに出合える。

ソロタビ PLAN

街道の両側に点在するお寺を巡る。一歩裏道に入ると静かな住宅街に。茶室を備えた古刹もあるので、休憩しながらまわりたい。起伏の多い地形なので、履き慣れた靴で出かけよう。

所要 6時間

Start 鎌倉駅東口

↓

Solo tabi Plan

① 10:00 報国寺で心安らぐ静寂な時

→P62

約1000本の孟宗竹の中に散策路が整備されている

竹庭の奥に設けられた茶房では抹茶をその場で点ててくれる

↓

② 11:30 浄妙寺の庭園で和の美を堪能

→P63

植栽や大小の岩を配し、手入れの行き届いた枯山水庭園

銅葺き屋根が印象的な本堂は宝暦6年(1756)に再建された

↓

③ 13:00 石窯ガーデンテラスでランチタイム

→P12・63

テラス席では四季の草花に囲まれて食事が楽しめる

浄妙寺の境内にある築90年以上の洋館を改築

↓

④ 14:30 Atelier Kika+cafe GRASS でおみやげ探し

→P65

アトリエには湘南在住アーティストが手がける作品も

併設のカフェではオリジナルのスイーツも用意

↓

⑤ 15:30 鎌倉随一の花寺瑞泉寺へ

→P66

瑞泉寺庭園。ダイナミックな岩庭が見られる

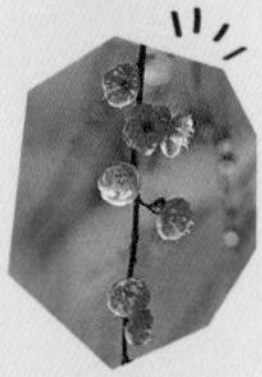

2月上旬になると鎌倉市天然記念物のオウバイが咲き始める

↓

Goal 鎌倉駅東口

ACCESS

- ■ 鎌倉駅東口
  - 京急バス鎌倉霊園正門前太刀洗行きで5分
- ■ バス停岐れ道
  - 京急バス鎌倉霊園正門前太刀洗行きで2分
- ■ バス停杉本観音
  - 京急バス鎌倉霊園正門前太刀洗行きで1分
- ■ バス停浄明寺
  - 京急バス鎌倉霊園正門前太刀洗行きで2分
- ■ バス停泉水橋

- ■ 鎌倉駅東口
  - 京急バス大塔宮行きで5分
- ■ バス停岐れ道
  - 京急バス大塔宮行きで2分
- ■ バス停天神前
  - 京急バス大塔宮行きで1分
- ■ バス停大塔宮

☎0467-23-3050
鎌倉市観光協会

MAP P116-117

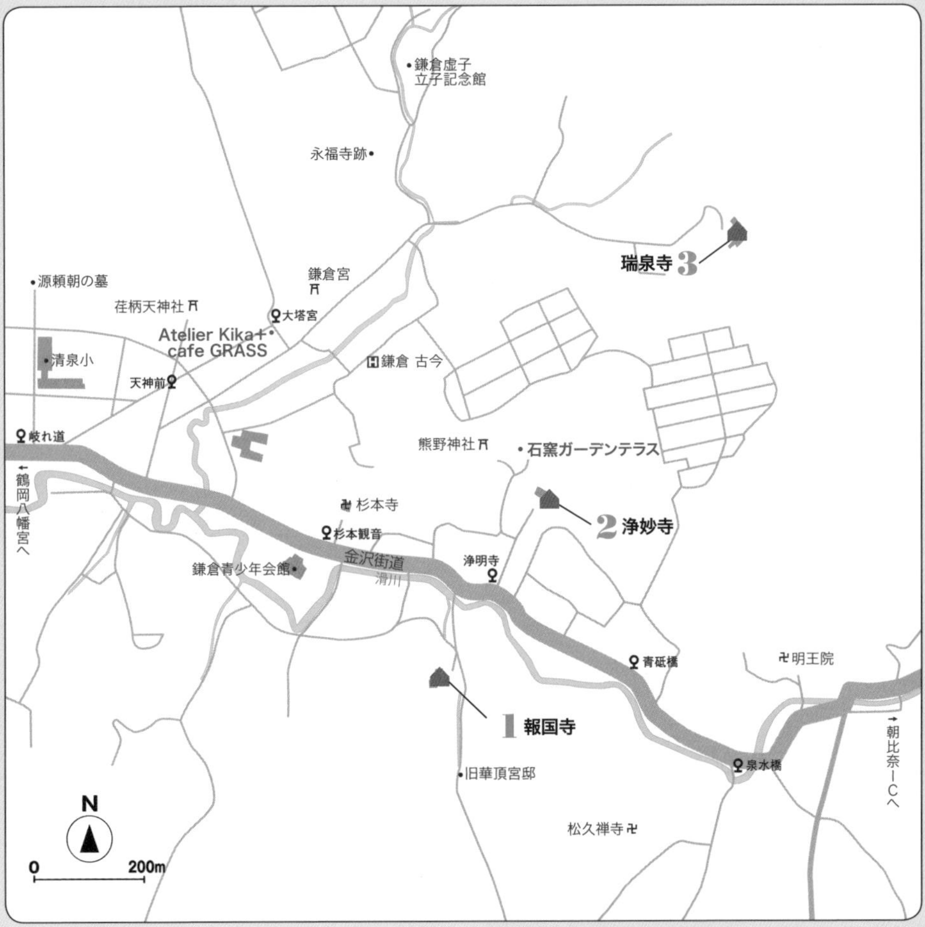

金沢街道の古刹をめぐるならココ

1 報国寺《ほうこくじ》

建武元年(1334)に足利家時が創建したと伝わる臨済宗の寺。かつては足利、上杉両氏の菩提寺として栄えた名刹。

DATA →P62

2 浄妙寺《じょうみょうじ》

鎌倉五山第五位の寺で、かつて法堂や禅堂など23もの塔頭を有する大寺院だった。寺全域が史跡に指定されている。

DATA →P63

3 瑞泉寺《ずいせんじ》

嘉暦2年(1327)、臨済宗の名僧として名高い夢窓疎石によって創建。鎌倉公方4代の菩提寺として栄えた。

DATA →P66

Visiting 街道沿いの名刹に流れる静かな時間

報国寺&浄妙寺で美しい風景に一目惚れ

鎌倉駅周辺の喧騒を抜けた金沢街道にある寺院のなかでも、心癒やされる景色で人気のお寺をご紹介。お抹茶をいただける境内の喫茶スペースは、鎌倉散策の休憩にぴったり。

ソロタビPoint

非日常の世界へ誘う音

視界に映る景色も楽しみながら、報国寺なら竹庭で竹の葉がこすれる音、浄妙寺なら枯山水庭園の水琴窟の音にも耳を澄ましてみよう。

鎌倉随一の竹庭が広がる

報国寺《ほうこくじ》

MAP P116C4

室町幕府初代将軍・足利尊氏の祖父、足利家時が建武元年(1334)に創建した臨済宗の寺院。足利・上杉両家の菩提寺として栄えた。釈迦如来坐像が祭られた本堂の奥には、約1000本の孟宗竹が群生する竹庭が広がる。庭にはお茶処もあり、陽の光により趣が変わる竹庭を眺めながら、ゆっくりとくつろげる。

DATA ☎0467-22-0762 ㊟鎌倉市浄明寺2-7-4 ㊋バス停浄明寺から徒歩3分 ㊕拝観無料(竹庭入場は300円) ㊓9～16時 ㊡年末年始6日間

竹庭《ちくてい》

高さ約25mの孟宗竹が整然と並び、石灯籠や石仏が点在する庭に散策路が整備されている。葉擦れと鳥のさえずりを聞きながら歩けば、非日常的な気分に浸れる。

竹庭の散策路沿いには石仏が配置されている

本堂《ほんどう》

内部には南北朝時代につくられた釈迦如来坐像や観世音菩薩像が安置されているが、普段は拝観できない。毎週日曜には坐禅会が開かれる。

川端康成が『山の音』の執筆の際に使った机も残されている

岩肌に掘られたやぐら(横穴式墳墓)

足利一族の墓《あしかがいちぞくのはか》

足利家時のほか、永享の乱(1438年)で自刃した足利義久など足利氏一族が眠る。

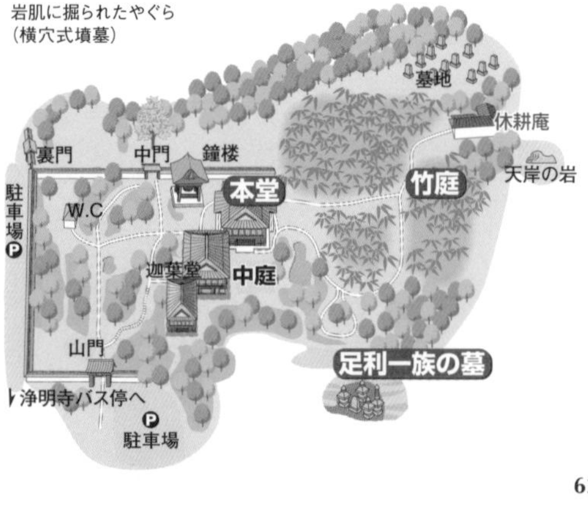

境内でひと休み

京都の抹茶と落雁のセットは600円

休耕庵《きゅうこうあん》

MAP P116C4

竹庭に設けられた喫茶スペース。竹林を眺めながら、その場で点ててくれる抹茶と、落雁を味わうことができる。DATA ☎0467-22-0762(報国寺) ㊓9時～15時30分(LO) ㊡無休

一角には水琴窟もあり、心地よい音を体感できる

枯山水庭園 かれさんすいていえん

民家を改築した書院造の茶室・喜泉庵。ここからの枯山水庭園の眺めがベスト。計算され尽くした石と緑の配置にうっとり。抹茶を味わいながらひと休みしよう。

境内でひと休み

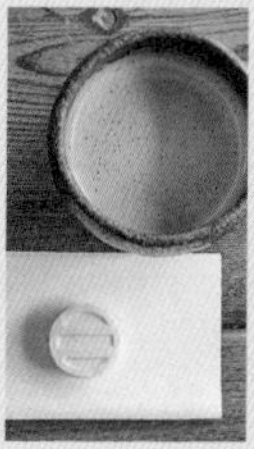
足利家の家紋があしらわれた落雁と抹茶を楽しもう。660円

喜泉庵
きせんあん

MAP P116C3

天正年間(1573～92)に建てられた茶室で、平成3年(1991)に復興。枯山水庭園を眺めながら、抹茶と落雁を味わえる。

DATA ☎0467-22-8638 時10時～16時15分LO 休無休

石窯ガーデンテラス
いしがまがーでんてらす

MAP P116C3

焼きたてパンが好評のレストラン。築90年以上の洋館を改築した。

DATA →P12

1 テラス席、店内席から庭園の風景を満喫できる 2 スコーンが付くクリームティー1200円

本堂 ほんどう

宝暦6年(1756)に再建。寄棟造銅葺きの堂々たる威容、美しいシンメトリーの姿は歴史深い寺院の本堂にふさわしい。

内部には南北朝時代作の木造釈迦如来坐像が安置されている

山門 さんもん

数段の階段を上ったところにある山門。右手には「稲荷山浄妙禅寺」と彫られた石碑が立つ。

秋には門の左のカエデが色づき風情を添える

鎌倉五山五位の格式ある古刹

浄妙寺
じょうみょうじ

MAP P116C3

文治4年(1188)、極楽寺という密教系の寺院として創建した後、浄妙寺と名を改め禅刹となった。鎌倉五山第五位の格式ぬふさわしく、最盛期には23もの塔頭を有する大寺院だったという。藤原鎌《ふじわらのかま》足《たり》が子孫繁栄を願って背後の稲荷山に霊鎌を埋めたことが「鎌倉」という地名の語源になったことでも有名だ。

DATA ☎0467-22-2818 住鎌倉市浄明寺3-8-31 交バス停浄明寺から徒歩1分 料拝観100円 時9時～16時30分 休無休

金沢街道の

ソロタビグルメ

鎌倉駅周辺とは異なり、静かな住宅街の金沢街道エリア。地元で愛されるカフェやベーカリー、名物丼のあるお店で、ランチやブレイクタイムを楽しみたい。

バリスタでもあるオーナーのこだわりコーヒー

Alpha Betti Cafe

あるふぁ べってぃ かふぇ

MAP P116D4

バリスタの大会にも出場経験のあるオーナーが、ニューヨークのカフェの雰囲気を鎌倉で再現。ブレンドはエチオピア産豆の浅煎り、南米産豆の深煎りの2種類から選べる。味付けにコーヒーを使うステーキなどフードメニューも人気。食後はラテアーティストでもある店主がいれる一杯を。DATA ☎0467-22-3901 住 鎌倉市浄明寺5-6-22 交 バス停泉水橋から徒歩1分 時 9～18時 休 不定休

カウンター席 4席 ベストタイム 14：00～16：00

1 ポップな雰囲気の店内 2 店先には自転車用のラックを設置 3 コーヒーステーキプレート1500円（ドリンク付き）。コーヒーを加えたマリネ液に一晩漬けて焼いたステーキ

1

2

3

口の中でとろけるふっくら食感のアナゴ

左可井

さかい

MAP P116C3

名物の穴子丼は、アナゴを蒸さずに煮ることで、程よい歯ごたえを残しつつ、舌に乗せるとふわりととろける絶妙の食感を実現。アナゴを煮た汁に砂糖、醤油、みりんを加えて半日煮詰めたツメは、濃厚で後を引く。緑の庭園を眺めながら食事ができる、なんとも心和む空間も素敵。DATA ☎0467-24-7759 住 鎌倉市浄明寺2-1-31 交 バス停杉本観音から徒歩1分 時 11時30分～14時30分LO 休 火曜、第1・3水曜

カウンター席 なし

ベストタイム

日によって異なる

1 住居の居間を店舗として利用 2 穴子丼セット1700円。穴子丼と玉子焼、汁椀、小鉢のセット。ご飯に入れたしば漬が食感のアクセントに

1
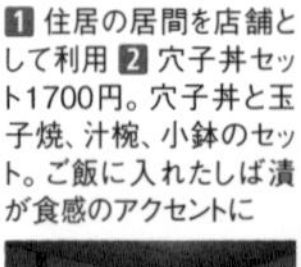

2

噛むほどに味わいが増すドイツパン

Bergfeld 鎌倉本店

べるぐふぇるど かまくらほんてん

MAP P117B3

胚芽パンやライ麦パンなど、素材の味を堪能できる無添加のドイツパンにこだわる。ドイツパンと相性のよい野菜やハムなど、シンプルな素材を合わせたオープンサンドやホットドッグをワンプレートに盛り付けたランチが人気。DATA ☎0467-24-2706 住 鎌倉市雪ノ下3-9-24 交 バス停岐れ道から徒歩1分 時 9～17時LO（ランチ11～15時）休 火曜、第1・3月曜

カウンター席 なし ベストタイム 11：00～12：00

1

2

1 岐れ路交差点のすぐ近く 2 ランチセット1485円。オープンサンドのパンはドイツパンの定番、グラハムとライ。季節のスープ、ケーキ、コーヒー付き

野菜の持ち味をシンプルに引き出す一軒家カフェ

cafe kaeru《かふぇ かえる》

MAP P117B3

閑静な住宅街に立つ一軒家カフェ。日替わり定食1500円～やグリル野菜とチキンのカレー1600円など、メニューはどれも鎌倉野菜がたっぷり。自慢の季節野菜のどんぶりは新鮮な鎌倉野菜がふんだんに使われ、野菜本来のしっかりした甘みを堪能できる。DATA ☎0467-23-1485 住鎌倉市二階堂936 交バス停天神前から徒歩3分 時11時～16時30分LO 休水・木曜、その他不定休あり

カウンター席 なし
ベストタイム どの時間でもOK

1 季節野菜のどんぶり1500円。ソテーした約10種類の鎌倉野菜に自家製のタレをかけた人気メニュー 2 山野草で彩られた緑豊かな庭にはカエルの置物も

アトリエ展示に合わせたオリジナルスイーツでひと休み

Atelier Kika+cafe GRASS《あとりえ きか かふぇ ぐらす》

MAP P117B2

鎌倉宮近くにたたずむアトリエ。白壁で囲まれたナチュラル空間に、湘南在住のアーティストなどが手がける作品が並ぶ。生活雑貨や小物、アクセサリーなど、個性豊かなアイテムを見るだけでも楽しい。併設のカフェでは、展示作品のイメージに合わせて、パティシエの田中玲子さんが作るオリジナルスイーツも。DATA ☎0467-24-7025 住鎌倉市二階堂91 交バス停大塔宮から徒歩1分 時12時30分～17時30分 休不定休

カウンター席 4席 ベストタイム どの時間でもOK

1 アルザスのタルトとブレンドコーヒーのセット1100円。カフェのスイーツメニューは、アトリエの展示内容からアイデアを得たオリジナル 2 Atelier Kikaは約10日ごとに展示作品が変更になる

小麦の味を生かす天然酵母パン

れのかまくら《れのかまくら》

MAP P117B3

北海道産の小麦やオーガニックの全粒粉などを使ったパンが並ぶ店。天然酵母で発酵させ、小麦本来の味と香りを引き立たせた自慢のパンが1日約30種類並ぶ。イートインスペースやテラス席も備わる。DATA ☎0467-24-2836 住鎌倉市浄明寺1-9-6 交バス停杉本観音から徒歩4分 時11～18時ごろ 休第1～3・5木・金曜、第1土曜のみ営業

カウンター席 6席
ベストタイム 11:00～16:00

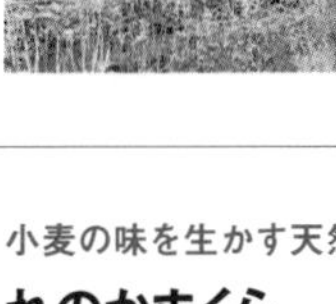

1 住宅街にひっそりとたたずむ小さなベーカリー 2 シュークリーム200円。サクッとした食感のクッキー生地に生クリームとカスタードがマッチしている

ベーカリーの2階で焼きたてパンを

ビゴの店 モン・ペシェ・ミニョン《びごのみせ もん ぺしぇ みにょん》

MAP P117B3

日本にフランスパンを普及させたフィリップ・ビゴ氏の味を受け継ぐ店。小麦粉とイースト、塩、水のみで作ったフランスパンに熟練の職人技が加わり、小麦本来の味や香りを引き立てる。買ったパンをその場で食べられるテラスやカフェも。

DATA ☎0467-53-7805 住鎌倉市雪ノ下4-3-17 交バス停岐れ道から徒歩1分 時7時～18時30分 休月曜(祝日の場合は翌日)、火曜不定休

カウンター席 なし
ベストタイム 14:00～17:00

カスクルートハム378円(手前)、季節のフルーツのデニッシュ302円(左)、クラムチャウダー367円(奥)。カスクルートハムは小麦の味と香りが存分に楽しめる。旬のフルーツを使ったデニッシュも人気

金沢街道の

立ち寄りSPOT

静寂に包まれた金沢海道沿いには、由緒ある名刹が点在し、自然に溶け込む景観美は必見だ。おしゃれな手みやげをゲットできるショップにも注目。

ダイナミックな岩庭が見られる鎌倉有数の花寺

瑞泉寺

ずいせんじ

MAP P116D2

四季を通じて色彩の絶えない鎌倉有数の花の寺。嘉暦2年(1327)、臨済宗の禅僧である夢窓国師《むそうこくし》(夢窓疎石《そせき》)が創建し、鎌倉幕府滅亡後は足利家が帰依《きえ》した。以降、足利家の菩提寺となり、鎌倉五山に次ぐ十刹の筆頭の扱いを受けるほど隆盛を極めた。夢窓国師が作庭した本堂裏の庭園がみどころだ。

DATA ☎0467-22-1191 住鎌倉市二階堂710 交バス停大塔宮から徒歩15分 料拝観200円 時9～17時(入山は～16時30分) 休無休

1

2

3

1 夢枕に立ち「どこも苦しいのは同じ」と諭したという地蔵を安置しているどこもく地蔵堂 2 2層屋根を持つ本堂は昭和50年代に再建されたもの。内部には本尊の釈迦如来坐像、徳川光圀寄進の千手観音坐像が安置されている 3 瑞泉寺庭園。庭園岩盤に巧みな彫刻を施し、岩と崖だけで構成された池泉式の庭園

参道を飾る萩の花が見事

宝戒寺

ほうかいじ

MAP P117A3

9月には萩の白い花が咲き誇り、「萩の寺」として知られる寺。新田義貞によって北条氏一門が滅ぼされた後、後醍醐天皇の発願により足利尊氏が北条執権屋敷跡に一族の慰霊のために創建した。本尊である子育経読地蔵大菩薩は国の重要文化財に指定されている。

DATA ☎0467-22-5512 住鎌倉市小町3-5-22 交JR鎌倉駅東口から徒歩13分 料200円 時9時～16時30分 休無休 ※写真撮影不可

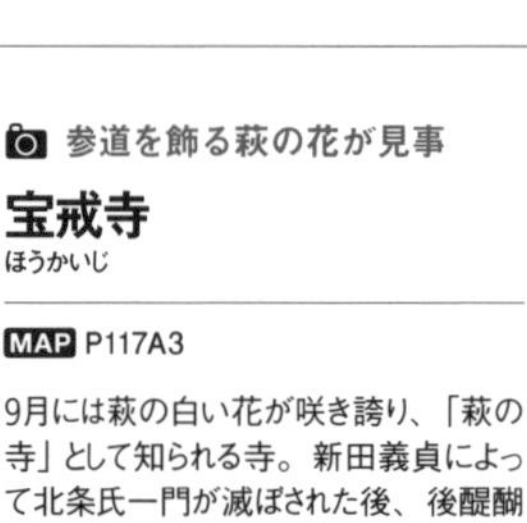

滅亡した北条氏を弔うため、屋敷跡に建立された本堂

境内が朱色に染まる紅葉の名所

覚園寺

かくおんじ

MAP P117B1

建保6年(1218)、鎌倉幕府2代執権・北条義時の薬師如来信仰に基づき建てられた大倉薬師堂が前身。のちに9代執権・北条貞時が覚園寺として建立。

DATA ☎0467-22-1195 住鎌倉市二階堂421 交バス停大塔宮から徒歩10分 料拝観ツアー500円(小学生200円) 時10～15時の毎時00分に案内(平日は12時を除く) 休4月27日、8月、12月20日～1月7日、雨天・荒天日 ※写真撮影は山門と愛染堂のみ可

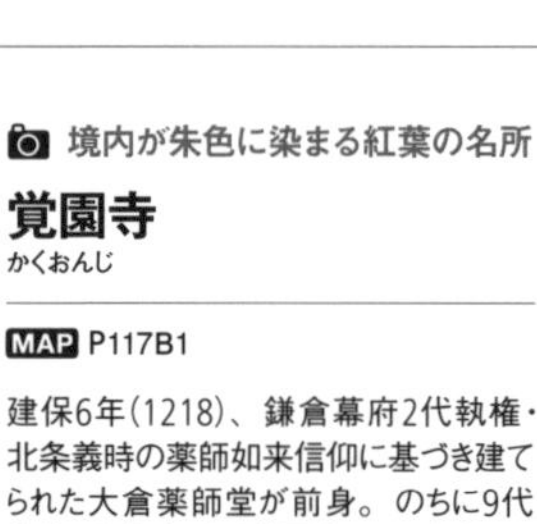

愛染堂。廃寺となった大楽寺の本堂を明治38年(1905)に移築

1300年近い歴史をもつ寺

杉本寺

すぎもとでら

MAP P116C3

天平6年(734)に創建された鎌倉最古の寺にして、坂東・鎌倉三十三観音霊場の第一番札所。本堂には、建久2年(1191)に源頼朝が寄進したという7尺の十一面観音立像が安置されている。

DATA ☎0467-22-3463 住鎌倉市二階堂903 交バス停杉本観音から徒歩1分 料拝観300円 時8時～16時30分(入山は～16時15分) 休無休 ※本堂内部は写真撮影不可

仁王門へ続く石段。石段と仁王門が入るようにアングルを決めるとバッチリ

由緒正しい神社で厄払い

鎌倉宮

かまくらぐう

MAP P117B2

護良《もりなが》親王を祭る、明治天皇創建の神社。盃を石に投げ割って厄を払う「厄割石」や、なでると身代わりになって体の悪いところを治してくれるという「村上義《むらかみよし》光《てる》像」がある。

DATA ☎0467-22-0318 住 鎌倉市二階堂154 交 バス停大塔宮から徒歩1分 料 拝観300円 時 9時30分～16時30分 休 無休

樹齢100年を越えるケヤキで彫られた村上義光像

春の訪れを告げる紅梅

荏柄天神社

えがらてんじんしゃ

MAP P117B2

福岡の太宰府天満宮、京都の北野天満宮とともに日本三古天神と称される。御祭神は「学問の神」とよばれる菅原道真公であるため、合格祈願に訪れる参拝者も多い。境内には100本を超える梅がある。 DATA ☎0467-25-1772 住 鎌倉市二階堂74 交 バス停天神前から徒歩3分 料 無料 時 8時30分～16時30分 休 無休 ※本殿内は写真撮影不可

天神様を祀る社殿。受験シーズンには多くの参拝者が訪れる。本殿にはたくさんの合格祈願の絵馬がかかる

小高い丘にたたずむ石塔

源頼朝の墓

みなもとのよりとものはか

MAP P117B2

50数段の石段を登った先、木々に囲まれた静寂のなかに立つ石塔が源頼朝の墓。53歳でこの世を去った頼朝は法華堂に葬られ、この墓塔は江戸時代に作られたものとされている。

DATA ☎0467-23-3000(鎌倉市文化財課) 住 鎌倉市西御門2-5 交 バス停岐れ道から徒歩3分 料 時 休 見学自由

国の史跡にも指定されており、しみじみとした趣がある

鎌倉で人気のチョコ専門店へ

Chocolaté romi-unie

しょこらて ろみ ゆに

MAP P117B2

菓子研究家・いがらしろみさんが手がけるチョコレート菓子の店。秋冬限定営業で、丁寧に手作りされたチョコレート菓子が並んでいる。 DATA ☎0467-38-7071 住 鎌倉市西御門2-1-14 交 バス停岐れ道から徒歩5分 時 12～17時 休 11月～3月下旬のみ営業、期間中の月・火曜休み(祝日の場合は営業)

センスよくチョコレート菓子が並ぶ店内

古都で愛される繊細な和菓子

美鈴

みすず

MAP P117A3

鎌倉随一ともいわれる和菓子の名店。月替わりや季節の和菓子はすべて職人による手作り。基本的に予約注文なので、2日前までに予約を。

DATA ☎0467-25-0364 住 鎌倉市小町3-3-13 交 JR鎌倉駅東口から徒歩12分 時 9～17時 休 火曜

季節の上生菓子6個入り1800円。鶴岡八幡宮で開かれるお茶会でも出されている、茶人御用達の一品

古き良き時代の香りを感じる

旧華頂宮邸

きゅうかちょうのみやてい

MAP P116C4

昭和4年(1929)に華頂博信《ひろのぶ》侯爵邸として建設された洋館。国の登録有形文化財であり、庭園は「日本の歴史公園100選」にも選ばれている。

DATA ☎0467-61-3477(鎌倉市都市景観課) 住 鎌倉市浄明寺2-6-37 交 バス停浄明寺から徒歩4分 料 入園無料 時 10～16時(10～3月は～15時) 休 月・火曜(祝日の場合は翌平日) ※館内の公開は特別公開時(春と秋の各2日間)のみ。通常は庭園見学

ハーフティンバー様式といわれる欧風建築でむき出しの木造骨組みが特徴

Yuigahama Hase

ゆいがはま・はせ

由比ガ浜 長谷

鎌倉のシンボル・大仏さまや長谷寺などみどころいっぱいのエリア。由比ガ浜大通りにはおしゃれなお店が勢揃い。

ソロタビ PLAN

寺院は閉門が早いのでまずは午前中にメインの高徳院と長谷寺を訪れよう。そのあと由比ガ浜大通りや長谷通りなど賑わうストリートを散策。長時間歩くので履きなれた靴がおすすめ。

所要 6時間

Start 江ノ電長谷駅

Solo tabi Plan

① 10:00 高徳院で大仏さまとご対面！

→P70

鎌倉唯一の国宝である大仏さまには一度ご挨拶を

別途拝観料を払えば胎内に入って参拝することができる

② 11:00 長谷寺で映えスポット探し

→P72

一年中季節の花が咲いている長谷寺で美しい景色をパシャリ！

書院の前に佇む和み地蔵のやさしい笑顔に癒やされる♪

③ 12:00 由比ガ浜で和食ランチを堪能

→P78

細打ちの二八そばが評判の鎌倉 松原庵でランチをいただきます

由比ガ浜大通りにはほかにもたい焼き なみへいなどテイクアウトグルメも！

④ 13:30 鎌倉文学館で貴重な展示物を見学！

→P80

鎌倉三大洋館のひとつ。約200種が咲くバラ庭園(→P6)も人気

文学館に向かう途中のトンネルも人気のフォトスポット

⑤ 15:00 坂ノ下の古民家カフェでほっこりティータイム

→P77

築約90年の古民家をリノベーションしたcafe坂の下

cafe坂の下で大人気のパンケーキはふわふわでペロリといただけちゃう

Goal 江ノ電長谷駅

ACCESS

- 鎌倉駅
  - 江ノ島電鉄藤沢駅行きで1分
- 和田塚駅
  - 江ノ島電鉄藤沢駅行きで1分
- 由比ヶ浜駅
  - 江ノ島電鉄藤沢駅行きで1分
- 長谷駅
  - 江ノ島電鉄藤沢駅行きで2分
- 極楽寺駅

☎0467-23-3050
鎌倉市観光協会

MAP P122-123

ココもCHECK！

ほうじ茶スイーツのお店に注目

ほうじ茶の魅力をより多くの人に伝えたいというオーナーが開いたほうじ茶スイーツの専門店。ほうじ茶の香ばしさや、ほのかな渋みを感じられるパフェやアイスなどが揃う。

1 自家製とろっとほうじ茶プリン400円
2 ほうじ茶すぎる！ほうじ茶パフェ650円

ほうじ茶STAND 鎌倉《ほうじちゃすたんど かまくら》

MAP P123B2

DATA ☎非公開 ㊟鎌倉市長谷3-1-3 大仏前商店1階 ㊋江ノ電長谷駅から徒歩7分 ㊌10～17時(売り切れ次第終了) ㊡不定休

エリアのメインスポットはココ

1 高徳院《こうとくいん》

奈良の大仏に次いで国内で2番目に大きな大仏がシンボル。与謝野晶子が「美男」と称したことでも有名。

DATA →P70

2 長谷寺《はせでら》

毎年アジサイが咲き誇るフォトジェニックなお寺。ほかにも良縁地蔵や相模湾を望む見晴台など絵になるスポットがたくさん。

DATA →P72

3 由比ガ浜大通り《ゆいがはまおおどおり》

若宮大路から長谷まで続く由比ガ浜大通りには新旧の店が点在。ぶらりと散歩しながら逸品やグルメを楽しもう。→P74

高徳院の国宝仏に会いに行く

鎌倉を訪れたからには、一度は行っておきたいのが高徳院。
鎌倉のシンボルでもあり、どこか優しげな表情をしている大仏さまにごあいさつを。

ソロタビPoint

実は御朱印もいただけちゃいます

高徳院では、大仏さま横の寺務所で御朱印も授与している。大仏さまの正式名称「阿弥陀如来」の言葉が入った御朱印を記念に持ち帰って。（→P20）

整った表情で座す鎌倉で唯一の国宝仏

高徳院《こうとくいん》

MAP P123B2

奈良の大仏を見た源頼朝の遺志を継いだ僧が、建長4年（1252）に建立を開始したとされるが、詳細は不明。昭和33年（1958）に国宝となった銅造阿弥陀如来坐像、通称「鎌倉大仏」が本尊。もともとは大仏殿の中に鎮座していたが、天災による倒壊と再建を繰り返し、室町時代には現在のような露坐になったという。

DATA ☎0467-22-0703 住鎌倉市長谷4-2-28 交江ノ電長谷駅から徒歩7分 料拝観300円 時8時～17時30分（10～3月は～17時、入場は各15分前まで） 休無休

鎌倉大仏《かまくらだいぶつ》（銅造阿弥陀如来坐像《どうぞうあみだにょらいざぞう》）

高さ11.312mという巨大な大仏像は、与謝野晶子が美男と詠んだことでも有名。鎌倉時代の仏師・運慶に代表される「慶派」の作風と、宋の仏師の影響を合わせ持つ像容。

螺髪《らほつ》

小さな渦状の髪の毛「螺髪」。直径約24cmの螺髪が656個ある

胎内めぐり

背中に扉が2つあり、20円を納めると胎内に入ることができる

手の形

阿弥陀如来坐像の手の組み方は9つあり、なかでも最も格式が高い印相をしている

観月堂《かんげつどう》

李氏朝鮮時代の王宮内に建てられたものと伝えられ、大正13年(1924)にこの場所に移築された。

鎌倉三十三観音霊場二十三番札所で聖観音像を安置

大仏殿礎石《だいぶつでんそせき》

大仏さまの周囲には、かつての大仏殿の礎石が56個残っている。なお、かつての大仏殿の高さは推定40mだったとか。

創建当初60の礎石に支えられていた堂宇。今では庭石や水盤に転用されているものもある

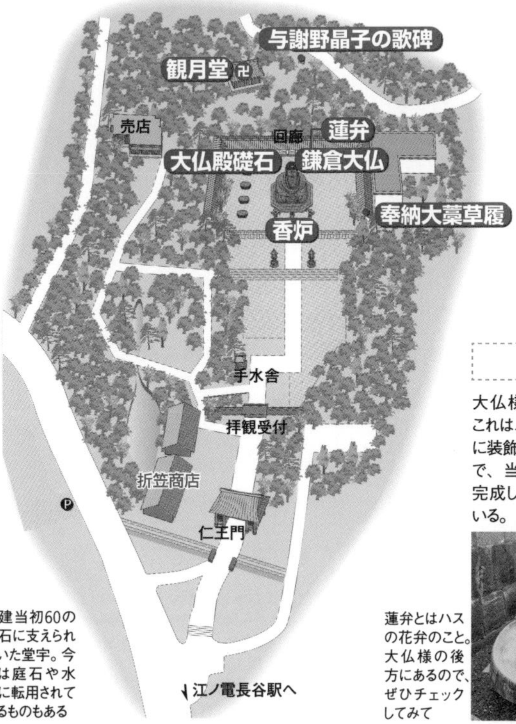

歌碑は大仏様を通りすぎた境内奥にある

与謝野晶子の歌碑《よさのあきこのかひ》

涼しげな顔立ちの大仏様を見て、歌人・与謝野晶子が「鎌倉や 御仏なれど 釈迦牟尼は 美男におわす 夏木立かな」と詠んだことを記念して立てられた碑。鎌倉大仏は阿弥陀如来なのだが…。

蓮弁《れんべん》

大仏様の台座に並ぶ4枚の蓮弁。これは、江戸時代の台座修復の際に装飾のために作られたと伝わるもので、当時は32枚作る予定だったが、完成した4枚のみが、今も置かれている。

蓮弁とはハスの花弁のこと。大仏様の後方にあるので、ぜひチェックしてみて

香炉《こうろ》

大仏様の大きさに合うように香炉もかなりの大きさ

大仏の前に配されている香炉。前面に天女の浮彫が施され、拝観者がふれるため表面が輝いて見える。

奉納大藁草履《ほうのうおおわらぞうり》

境内に奉納された大仏さまの大藁草履。茨城県常陸太田市松栄町の子供会により奉納されたもので、今も3年に1度、巨大な藁草履の制作・寄進が行われている。

長さ約1.8m、重さは片足だけで約45kgという巨大サイズ

境内にあるおみやげ店

1 **折笠商店**《おりかさしょうてん》

MAP P123B2

境内にあるみやげ店。大仏さまをモチーフにしたユニークな雑貨や菓子が揃う。

DATA ☎0467-22-0890 時9時～17時30分(10～3月は～17時) 休無休

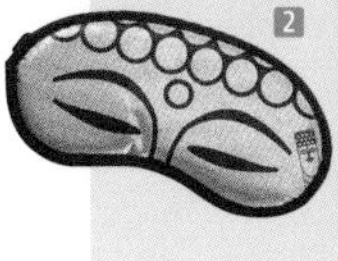

1 大仏棒ふせん450円。大仏様がスタイリッシュにあしらわれた5色の付箋 2 大仏棒アイマスク500円。大仏様の目元をあしらったインパクトのあるアイマスク 3 大仏棒タオル700円。大仏様のアンニュイな顔がデザインされたタオル

季節の花をチェック！

紅葉(11月下旬～12月上旬)

大仏さまの周囲を彩るイチョウなどに加え、背後の後光山の紅葉も美しい

桜(3月下旬～4月上旬)

ソメイヨシノやヨウコウザクラが咲き、青とピンクのコントラストが印象的

Visiting 鎌倉屈指の癒やしの花寺

フォトジェニックな長谷寺をおさんぽ

四季折々の花々に彩られた庭園を通って、日本最大級の木造観音が安置されているお堂へ。最後は見晴台から鎌倉の海と街並みを一望しよう。

ソロタビ **Point**

お気に入りの風景を探そう

6月のアジサイをはじめ一年中花々が咲く庭園や、見晴台からの景観、かわいい良縁地蔵など、絵になるスポットが多いので、時間をかけてゆっくり散策したい。

観音堂 かんのんどう

十一面観音菩薩立像が安置されているお堂。観音菩薩をテーマにした博物館「観音ミュージアム(→P73)」もある。観音堂内は全面撮影禁止なので要注意。

1 高さ9.18mの十一面観音菩薩立像。養老5年(721)に徳道上人がつくらせたと伝わる本尊。あらゆる方角にお顔を向けていることから、衆生救済するといわれている 2 坂東観音霊場の第四番札所として古くから崇敬を集める

極楽浄土を再現し、花に彩られた寺院

長谷寺

はせでら

MAP P123B3

奈良の長谷寺を開創した徳道《とくどう》上人の発願で、天平8年(736)に開かれた。本尊は日本最大級の木造仏・十一面観音菩薩立像で、「長谷の観音様」として親しまれている。境内は観音山の裾野に広がる下境内と、中腹に切り開かれた上境内に分かれており、下境内は2つの池を有する回遊式庭園になっており、上境内には観音堂が立つ。

DATA ☎0467-22-6300 住鎌倉市長谷3-11-2 交江ノ電長谷駅から徒歩5分 料400円(観音ミュージアムは別途) 時8～17時(10～2月は～16時30分) 休無休　※堂内は写真撮影不可

山門 さんもん

参道の正面に立つ立派な山門。木造建築で、中央に下がる真っ赤な提灯が目を引く。ここから先の下境内には回遊式庭園が広がる。

山門を抜けると下境内では四季折々の花が彩る美しい風景に出合える

眺望散策路 ちょうぼうさんさくろ

境内背後の山の斜面に設けられた眺望散策路沿いに、40種以上約2500株のアジサイが群生。

シーズン中は散策路入場が整理券方式に。混雑を避けるなら平日の朝が狙い目

弁天窟《べんてんくつ》

下境内最奥に広がる弁天窟は、弘法大師がこもったと伝えられる洞窟。薄暗い窟内は、壁面に弁財天や十六童子が彫られミステリアス。

1 ロウソクの灯りを頼りにゆっくりと参拝しよう 2 入口でお供え用のロウソクを購入してから出発

書院《しょいん》

写経体験が行われる。写経場に向かう手前には石や木を配した枯山水庭園があり、参拝者の多い境内とは一線を画した静かな空間になっている。

見とれるほど美しい枯山水の庭が広がる

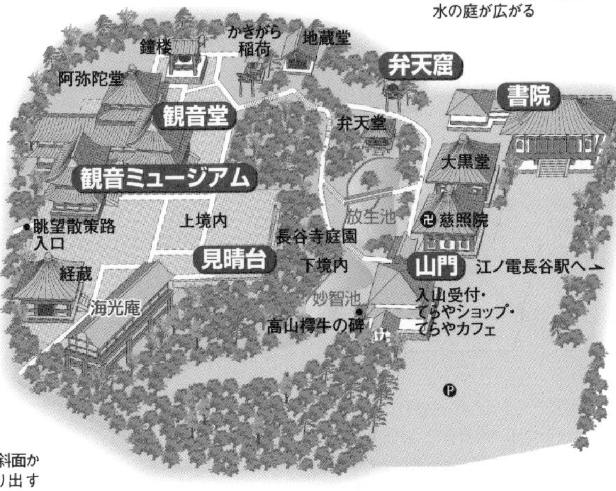

見晴台《みはらしだい》

上境内の観音堂の先にある見晴台へ。鎌倉の街並みと由比ヶ浜海岸、三浦半島を一望できる絶景のロケーションだ。

山の斜面からせり出すように設けられている

3カ所すべてのお地蔵様を撮影すると良縁に恵まれるとか

良縁地蔵《りょうえんじぞう》

見晴台の近くで3体が1つになった小さなかわいいお地蔵様を発見! 境内3カ所に安置されているので、ぜひ探してみて。

観音ミュージアム《かんのんみゅーじあむ》

観音菩薩をテーマにした博物館。長谷寺の縁起や日本の観音信仰について解説。本尊の前立観音や室町期の作という三十三応現身像などの寺宝を拝観できる。

DATA 料 別途300円 時 9〜16時 休 無休（臨時休館日あり）

観音菩薩の教えを学べる

\ 境内のレストランでひと休み /

1 動物性の食材を一切使用しないお寺のカレー1200円 2 窓が大きく明るい店内

1 海光庵《かいこうあん》

MAP P123B3

見晴台近くには食事処「海光庵」がある。おすすめはお寺のカレーや長谷ぜんざい550円など。お寺ならではのメニューを堪能したい。

DATA 時 10〜16時（食事は〜15時LO） 休 無休

季節の花をチェック！

ハナショウブ（6月上旬〜下旬）

下境内の放生池で見られる。同時期に2500株以上のアジサイも咲く

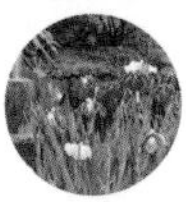

梅（1月中旬〜3月中旬）

下境内の紅梅、鐘楼そばのロウバイなど、見頃の異なる多彩な梅が咲く

サルスベリ（7月下旬〜9月中旬）

高山樗牛（たかやまちょぎゅう）の碑のかたわらでピンク色の花をつける

桜（3月下旬〜4月上旬）

観音堂近くにソメイヨシノが咲く。同時期にはツツジも見頃をむかえる

ソロタビPoint

新旧入り交じるストリート

由比ガ浜大通りは全長約1km。和田塚～由比ガ浜には老舗のお店が、由比ガ浜～長谷は新店舗が並ぶ。楽しい通りをぶらりと歩こう。

Visiting 老舗から話題のお店をチェック♪

由比ガ浜大通りのおしゃれショップめぐり

鎌倉駅周辺から長谷へと続く由比ガ浜大通り。通りの両側にはオーナーのこだわりを感じる雑貨や美味しいものが目白押し。お買い物をしながら、グルメも満喫しちゃおう。

赤い頭巾をかぶり、首によだれかけをかけた6体のお地蔵さまが並ぶ

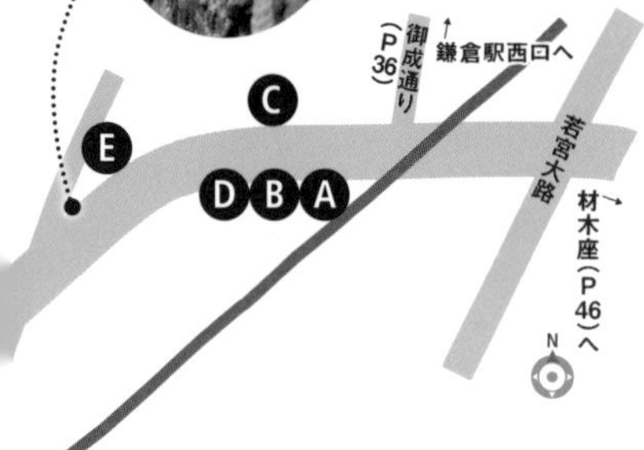

食べる　江ノ電が真横を通るテラス席で野菜ランチを

A AWkitchen GARDEN 鎌倉《えーだぶりゅーきっちん がーでん かまくら》

MAP P122D2

全国から仕入れる新鮮素材を使ったイタリアンベースの料理を提供するレストラン。間近に江ノ電を見られるテラス席は広いので、平日ならランチタイムでも比較的座れる。

DATA ☎0467-61-3155 住鎌倉市由比ガ浜2-4-43 交JR鎌倉駅西口から徒歩5分 時11時30分～日没（土・日曜、祝日11～21時LO） 休無休

1 テラス席には目の前を江ノ電が通るカウンター席もある 2 プリフィクススタイルのランチ2035円は、季節の食材を使うため内容は変わる

買う　やさしい味わいの手作りドーナツが評判

C ミサキドーナツ 鎌倉店《みさきどーなつ かまくらてん》

MAP P122D2

三浦半島の最南端・三崎の人気ドーナツショップの鎌倉店。ドーナツはすべて手作りで、素朴な甘さとフワフワした食感が特徴。ドーナツとドリンクのセット660円～がお得。

DATA ☎0467-55-9946 住鎌倉市由比ガ浜1-1-7 交JR鎌倉駅西口から徒歩6分 時11～18時（土・日曜、祝日10時～） 休不定休

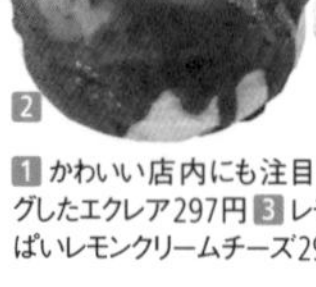

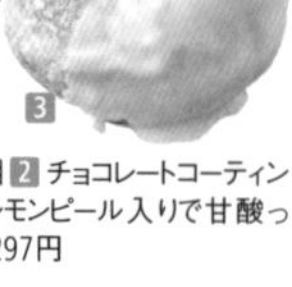

1 かわいい店内にも注目 2 チョコレートコーティングしたエクレア297円 3 レモンピール入りで甘酸っぱいレモンクリームチーズ297円

買う　女性オーナーの真心がこめられた焼きたてパン

B MIYUKI PAN《みゆき ぱん》

MAP P122D2

週2～3日だけオープンするベーカリー。人の手はほとんど加えず発酵させる海洋酵母を使うなど素材にこだわる。丁寧に作られるパンを求め、遠方から訪れる人も多い。

DATA ☎080-8837-8180 住鎌倉市由比ガ浜2-4-38 交JR鎌倉駅西口から徒歩6分 時10時30分～16時30分 休不定休（営業日はHPで確認）

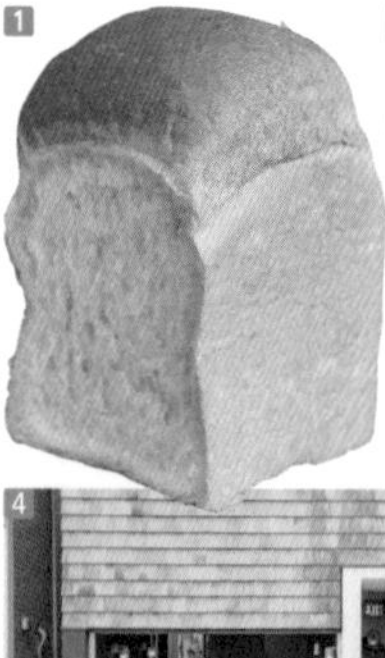

1 塩麹の食パン399円はさっくりと軽い食感 2 アールグレーの生地にレモンピールを加えた、紅茶とレモンのパン248円 3 甘さ控えめの栗をぜいたくに使った和栗のマフィン270円 4 住宅のガレージの横でオープンするベーカリー

食べる　**季節の鎌倉野菜がどっさり 多彩な風味を一度に堪能**

E ビタースイート《びたーすいーと》

MAP P122C2

イタリア料理と手作りスイーツが味わえる店。本日のサラダは、女性から圧倒的な人気を誇る一品。鎌倉野菜をたっぷり載せたピザ・オルトラーナ1450円もぜひ。

DATA ☎0467-22-1988 ㊟鎌倉市由比ガ浜1-3-16 ㊋江ノ電和田塚駅から徒歩3分 ㊓11時30分～19時30分LO（ランチは～14時30分LO。14時30分～18時はカフェタイム） ㊡木曜

1 カフェとしての利用もOK。カウンター席もある 2 本日のサラダ1500円。あやめ雪や芥子菜、ロマネスコなどの希少な野菜の盛り合わせ。食材がなくなり次第終了

買う　**毎日の生活になじむ 手作りの品々が並ぶ**

D MAR《まる》

MAP P122D2

日本をはじめ、フランスや北欧などの生活雑貨が並ぶ小さな雑貨店。洋服やアクセサリー、文具まで、職人の手仕事が光るシンプルで日常生活に取り入れやすいものが豊富。

DATA ☎0467-24-6108 ㊟鎌倉市由比ガ浜2-5-1 ㊋JR鎌倉駅西口から徒歩6分 ㊓11～18時 ㊡無休

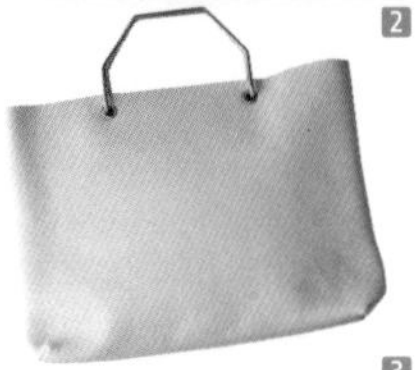

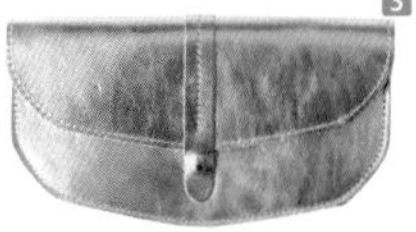

1 2018年9月にリニューアルされた 2 牛革を使用した手作りのバッグ3万6080円。中にはかわいいイラストが 3 肌触りのよいレザーで作られた長財布1万6170円は、使い込むほど味わいが増す

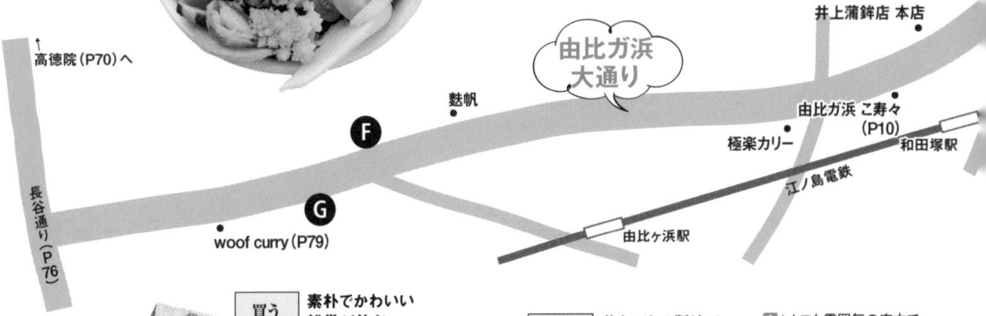

買う　**素朴でかわいい 雑貨が並ぶ**

G 手紙舎 鎌倉店《てがみしゃ かまくらてん》

MAP P123B3

東京の調布市で人気を集める本と雑貨とカフェの店「手紙舎」が由比ガ浜に出店。作家モノの生活雑貨や紙雑貨を中心に販売。カフェスペースも併設する。

DATA ☎0467-38-5035 ㊟鎌倉市長谷2-5-41 ㊋江ノ電由比ヶ浜駅から徒歩3分 ㊓11～18時 ㊡火・水曜（祝日の場合は営業）

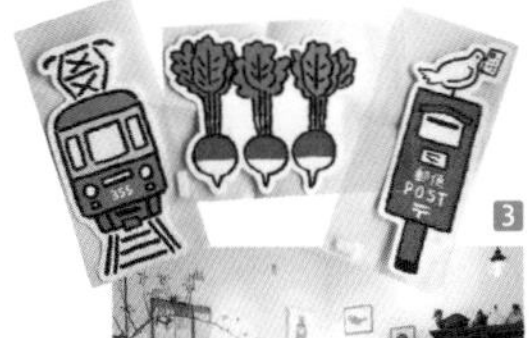

1 スタンプ1個605円。鎌倉モチーフのスタンプ。海や鳩などもある 2 マスキングテープ1個495円。イラストレーターの高旗将雄さんとコラボしたテープ 3 ポストカード1枚330円。鎌倉モチーフの絵柄が揃う型抜きのポストカード 4 旅の思い出に店で手紙を書く人も

買う　**昔ながらの製法で 焼き上げるたい焼き**

F たい焼き なみへい《たいやき なみへい》

MAP P123B3

100年前と変わらないという製法で仕上げるたい焼きは、皮がパリッと香ばしく中はふっくら。天然酵母と国産小麦を使用したパンや自家製シロップのかき氷なども揃う。

DATA ☎0467-24-7900 ㊟鎌倉市長谷1-8-10 ㊋江ノ電由比ヶ浜駅から徒歩3分 ㊓10～18時 ㊡月曜、隔週火曜（祝日の場合は営業）

1 レトロな雰囲気の店内でも食べることができる 2 なみへいのしろくま950円。通年で販売しているかき氷 3 たい焼き（つぶし餡）190円。小豆自体のうま味が詰まった餡がたっぷり

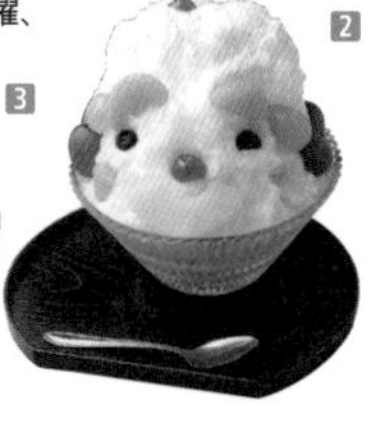

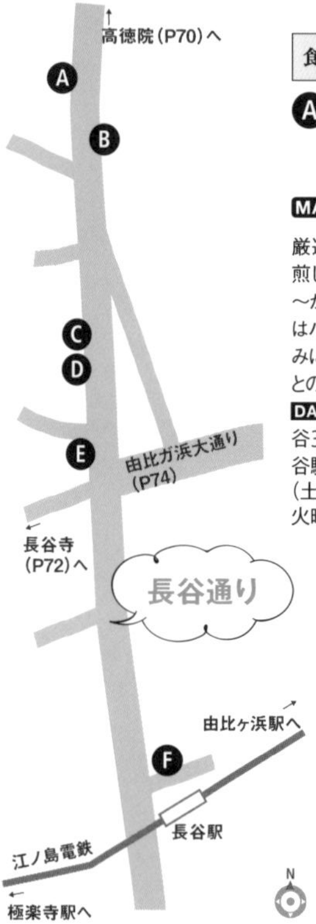

食べる　街道を見下ろす
コーヒーとガレットの店

Ⓐ 鎌倉長谷 珈琲&ガレット

かまくらはせ こーひーあんどがれっと

MAP P123B2

厳選して仕入れるコーヒー豆を自家焙煎して淹れるオリジナルブレンド600円～が評判のカフェ。こだわりのコーヒーはハンドドリップ、フレンチプレスなど好みに合わせて提供。鎌倉らしいガレットとの組み合わせを楽しもう。

DATA ☎0467-81-5358 ㊟鎌倉市長谷3-1-16Chang's566 2階 ㊡江ノ電長谷駅から徒歩6分 ㊕9時30分～18時（土・日曜、祝日10時～18時30分）㊡火曜

1 どの淹れ方で飲めばいいのか迷ったら、マスターに聞いてみよう 2 アメリカンカジュアルな店内は海に近い町ならでは 3 鎌倉しらすのガレット1300円。シラスと3種のチーズ、シソの香り豊かなガレット。コーヒーにも合う

ソロタビPoint

お寺めぐりの帰りに寄ろう

長谷通りはグルメもテイクアウト専門のショップが多め。先に高徳院や長谷寺をめぐり、長谷駅に戻る途中で食べ歩きやおみやげ探しを楽しむのがおすすめ。

Visiting

鎌倉大仏へ続く通りをぶらり

長谷通りでお気に入りの一品選び

由比ヶ浜海岸から鎌倉大仏で有名な高徳院へと続く長谷通り。通りは乙女心をくすぐるおしゃれな食べ歩きグルメ&雑貨ショップで大賑わい。あなただけのお気に入りを探して。

買う　本場イタリア顔負けの
なめらかジェラート

Ⓒ 鎌倉ジェラート

かまくらじぇらーと

MAP P123B3

手作りジェラートの専門店。市場直送のフレッシュなフルーツを使い、極力添加物や香料を使用せず作られる。フレーバーは常時約10種類。ワッフル320円～は冬期のみ販売される。

DATA ☎0467-22-8801 ㊟鎌倉市長谷3-8-13 ㊡江ノ電長谷駅から徒歩4分 ㊕10時～17時30分（土・日曜、祝日は～18時。天候・季節により変動あり）㊡無休（冬期は月曜定休、ほか不定休あり）

1 店内と店先にイートインスペースもある 2 ジェラートダブル470円。柿や洋梨など季節限定の商品も登場する。写真はピンクグレープフルーツ（右）と柿（左） 3 ジェラートシングル370円。ほどよい酸味のカシスは食後にも◎

買う　職人手作りの一点物を
旅の思い出に持ち帰り

Ⓑ 鎌倉てづくり屋 長谷店

かまくらてづくりや はせてん

MAP P123B2

職人が手作りする、がま口や革製品を扱う店。柄や大きさだけでなく、若干のデザインの違いや口金の違いなどがあり、どれも唯一無二の商品だ。気に入ったものがあったら即購入を。

DATA ☎0467-38-7093 ㊟鎌倉市長谷1-16-21新倭人館A ㊡江ノ電長谷駅から徒歩5分 ㊕10時30分～17時30分 ㊡不定休

1 和柄のみならず、ユニークな柄の品々が並ぶ 2 小花柄がキュートながま口御朱印帳ケース3980円 3 3.3寸がま口各1000円。小銭入れやちょっとした物入れにも。大仏柄が鎌倉らしい

ひと足のばして 坂ノ下の古民家カフェへ

坂ノ下には古民家を生かしたカフェがたくさん。ヴィンテージな空気を感じながらひと息つこう。

ドラマのロケ地としても有名

cafe 坂の下

かふぇ さかのした

MAP P123B4

築90年の古民家を改装。ヴィンテージ家具を配し、モダンな空間を演出している。シラスピザをはじめとするランチメニューはボリューム感たっぷり。食後のデザートには、名物のパンケーキをぜひ味わいたい。

DATA ☎0467-25-7705 ㊟鎌倉市坂ノ下21-15 ㊯江ノ電長谷駅から徒歩4分 ㊕10～16時LO(土・日曜、祝日は～17時LO) ㊡月曜(祝日の場合は翌日)

1 パンケーキバニラアイスのせ1050円。豆乳とコーンミールを配合した生地を使用。相性抜群のアイスを添えて 2 懐かしい和の雰囲気にアメリカやヨーロッパの家具が不思議とマッチ

畳敷きでゆったりくつろげる

てぬぐいカフェ 一花屋

てぬぐいかふぇ いちげや

MAP P123B4

畳にちゃぶ台、緑の庭園を望む縁側など、昔の日本家屋そのままの空間が広がる。自然農法米を使ったおむすびのセットや、季節の野菜と酒粕カレーセット(サラダ付き)1650円など、ほっとする味わいのランチが味わえる。

DATA ☎0467-24-9232 ㊟鎌倉市坂ノ下18-5 ㊯江ノ電長谷駅から徒歩3分 ㊕10時30分～17時LO ㊡火・水曜(祝日の場合は翌日)

1 おむすびのお昼ごはんセット(ドリンクかデザート付き)1650円。塩でにぎる自家製梅干しのおむすびと、醤油でにぎるおむすびの2種類 2 80年前の古民家を、和情緒たっぷりの空間を生かしつつリノベーション

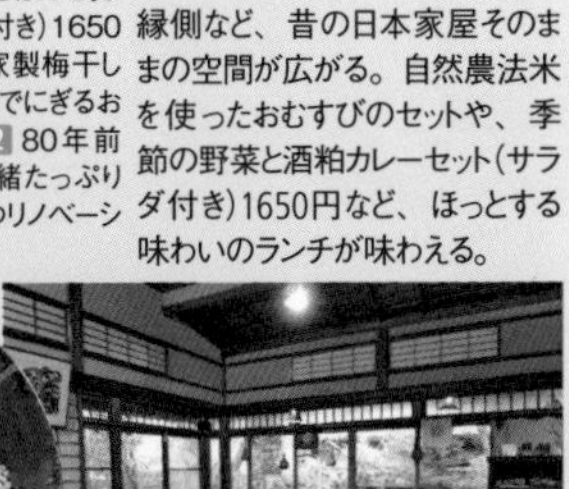

食べる　土鍋で炊きあげるシラスご飯が絶品

D 鎌倉土鍋ごはん kaedena.

かまくらどなべごはん かえでな.

MAP P123B3

丹波篠山産コシヒカリを昆布だしで炊いた土鍋ご飯が評判。ご飯にのせる具材は約10種あり、すべての土鍋ごはんに月替わりの小鉢3品と味噌汁が付く。

DATA ☎0467-25-3770 ㊟鎌倉市長谷3-8-13 2階 ㊯江ノ電長谷駅から徒歩3分 ㊕11～17時(売り切れ次第終了)、18～21時LO(夜は完全予約制) ㊡不定休

1 シラスと糸がき(カツオ節)が合う釜揚げしらす土鍋ごはん1400円 2 絵画などが飾られた、シックな店内

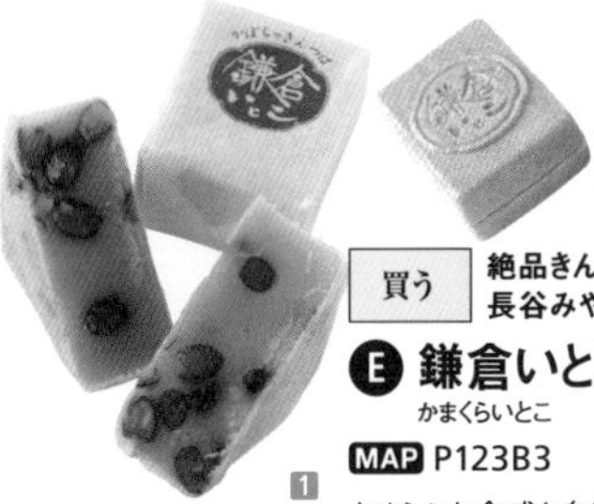

1 鎌倉いとこかぼちゃきんつば1個230円。モチっとした薄皮の食感もクセになる。抹茶きんつばなどもある
2 つぶ餡もなか1個230円。国産のうるち米で作った皮の中にじっくり炊いたつぶ餡が入っている

買う　絶品きんつばは長谷みやげの定番

E 鎌倉いとこ

かまくらいとこ

MAP P123B3

なめらかな食感と自然な甘さが魅力のかぼちゃきんつばが看板商品。丁寧に裏ごしされたかぼちゃ餡と、ホクホクの小豆が絶妙にマッチしている。

DATA ☎0467-24-6382 ㊟鎌倉市長谷3-10-22 ㊯江ノ電長谷駅から徒歩3分 ㊕10時30分～17時30分 ㊡不定休

買う　いつでも焼きたて! フワフワのどら焼店

F 鎌倉するがや 長谷駅前店

かまくらするがや はせえきまえてん

MAP P123B3

長谷駅前で焼きたてのどら焼を販売。北海道産小豆を使った餡と、地元の新鮮卵、国産の小麦粉、香川県産の和三盆糖など、選りすぐりの材料で作るふんわりとした食感の皮が特徴だ。

DATA ☎0467-22-8755 ㊟鎌倉市長谷2-14-1 ㊯江ノ電長谷駅から徒歩1分 ㊕11～17時 ㊡水曜(祝日の場合は翌日)

1 栗どら焼280円。大きな栗の蜜漬けを丸々1個挟んだ人気商品。栗の自然な甘みが生きている 2 店頭でどら焼を焼く様子が見られる

由比ガ浜・長谷の

ソロタビグルメ

由比ガ浜・長谷には和菓子や和食のお店が点在する一方で、新しいスイーツやレストランも誕生している。レトロ・モダン両方の雰囲気を楽しめる名店をご紹介。

そばと前菜のモダンな組み合わせ

鎌倉 松原庵

かまくら まつばらあん

MAP P122C3

そばメニューを彩り豊かな前菜や天ぷらとともにコースで楽しめる。手打ちの二八そばは食べやすい細切りでコシがあり、香りと喉ごしを味わいたい。ほかにも彩り野菜のバーニャカウダなど、一品料理も充実している。DATA ☎0467-61-3838 (住)鎌倉市由比ガ浜4-10-3 (交)江ノ電由比ヶ浜駅から徒歩3分 (時)11～22時 (休)無休

カウンター席 なし　ベストタイム 11:00～11:30

1 古民家の店内は絨毯敷きのテーブル席や座敷席もある
2 ランチコース由比3190円。前菜7種盛り合わせ、旬野菜の天ぷら、そばが味わえる

古民家を改装したベーグルカフェ

なみまちベーグル

なみまちべーぐる

MAP P123B4

長谷在住のママたちが中心の手作りベーグル専門店。毎月の限定フレーバー2種を含め、常時20種類以上のベーグルが並ぶ。ベーグルサンドのほか、ベーグルフレンチトースト1200円などが楽しめる。DATA ☎080-4578-7373 (住)鎌倉市坂ノ下19-12 (交)江ノ電長谷駅から徒歩5分 (時)9時30分～16時 (休)不定休

カウンター席 なし　ベストタイム どの時間でもOK

1 ベーグルサンドに本日のスープ、鎌倉野菜ミックスサラダ、飲み物が付くセット1200円～(提供は11時～14時30分) 2 愛らしいぶたさん240円

大正時代の古民家で絶品「パンスイーツ」を

café recette 鎌倉

かふぇ るせっと かまくら

MAP P123B4

人気ベーカリー「recette」が営むパンスイーツ専門店。メニューには、いずれも純国産素材で作られた最高級の食パンを使用。平飼い卵を使用したこだわりのフレンチトーストがおすすめ。

DATA ☎0467-38-5700 (住)鎌倉市坂ノ下22-5 (交)江ノ電長谷駅から徒歩5分 (時)9時30分～16時LO(土・日曜、祝日8時30分～17時LO) (休)不定休

カウンター席 なし

ベストタイム 14:00～

1 究極のフレンチトースト1540円。外はカリっと香ばしく、中はプリンのようになめらか 2 家具はすべて東京にあるオーダー工房のものだけを使用している

静寂に包まれた店内席から緑の庭園を望む

茶房空花

さぼうそらはな

MAP P122C3

静かな住宅街にある食事処兼茶房。茶釜の湯で京都「利招園」の手摘み碾茶《てんちゃ》を点てたお抹茶とお菓子1300円。土鍋黒米ご飯に6菜などが付く茶房膳2780円も人気。DATA ☎0467-55-9522 住 鎌倉市由比ガ浜2-7-12-22 交 江ノ電和田塚駅から徒歩2分 時 11時30分～日没(ランチは14時LO) 休 不定休

カウンター席 なし

ベストタイム 13：30～

1 店内の窓際席からは、自然派庭園を一望。背後を走る江ノ電とのコラボもココならでは 2 窓が大きくとられた開放的な店内

喧騒から離れたテラス席のあるカフェ＆バー

m's terrace Kamakura

えむず てらす かまくら

MAP P123B2

長谷通りから少し入った場所にある、女性店主が切り盛りする店。鎌倉野菜を使用した日替わりランチのほか、北海道産そば粉100%の鎌倉野菜ガレット1200円などを提供している。金・土曜限定でディナーも営業。DATA ☎0467-95-1162 住 鎌倉市長谷3-2-9-1 交 江ノ電長谷駅から徒歩5分 時 11時30分～日没(金・土曜は18時30分～22時LOも営業) 休 月・火曜

カウンター席 28席　ベストタイム 14:00～16:00

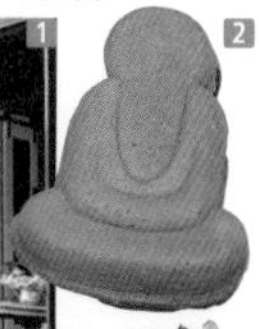

1 テラス席のみ愛犬の同伴も可能 2 m's Daibutsu 大仏焼180円はビジュアルも◎。くず粉などを混ぜるこだわり 3 日替わりプレート1430円。煮込みハンバーグデミグラスソースと、鎌倉野菜を使用したワンプレートランチ

オーガニックにこだわるモーニング

NATUDECO

なちゅでこ

MAP P123B3

有機食材を使用した料理にこだわる隠れ家的カフェ。朝(8時～10時30分)限定のプレートやサンドのほか、京都木谷製茶場有機宇治抹茶のティラミスなどの本格スイーツもある。DATA ☎0467-40-6973 住 鎌倉市長谷1-14-26 交 江ノ電長谷駅から徒歩4分 時 8～21時(日曜は～18時) 休 無休

カウンター席 31席

ベストタイム 日によって異なる

木々のぬくもりを生かしたシックな店内

インパクト大の大仏スイーツ

KANNON COFFEE kamakura

かんのん こーひー かまくら

MAP P123B3

名古屋発のコーヒースタンド。季節のフルーツなどを使うクレープにプラス129円で大仏ビスケットを添えると鎌倉らしさがアップ。4種類のドリップコーヒー450円～もある。DATA ☎0467-84-7898 住 鎌倉市長谷3-10-29 交 江ノ電長谷駅から徒歩3分 時 10～18時 休 無休

カウンター席 5席

ベストタイム 11：00～13：00

栗とベリーチョコレート734円（大仏ビスケットは別途129円）

じっくり煮込んだ欧州風カレー

woof curry

うーふ かれー

MAP P123B3

「煮込み料理としてのカレー」がコンセプトの店。4日間じっくり煮込み、具材とルーを別々に仕込むことによって、それぞれの個性が際立ちコクのある味わいになるのだとか。DATA ☎0467-25-6916 住 鎌倉市長谷2-10-39 交 江ノ電長谷駅から徒歩5分 時 11～21時 休 水曜

カウンター席 なし

ベストタイム 15：00～17：00

赤ワインで煮込んだ牛肉が入るスペシャルカレー1250円

由比ガ浜・長谷の

立ち寄りSPOT

長谷寺（→P72）をはじめとする人気の写真撮影スポットが多いエリア。四季を彩る美しい花が咲くスポットや、手みやげにおすすめのショップにも立ち寄りたい。

庭園も建物もステキな鎌倉三大洋館のひとつ

鎌倉文学館

かまくらぶんがくかん

MAP P123B2

古我邸や旧華頂宮邸(→P67)と並び、昭和初期に建てられた鎌倉三大洋館のひとつで、国の登録有形文化財である旧前田侯爵家別邸を利用した文学館。昭和11年(1936)に竣工した建物はまるで物語の舞台のよう。館内では川端康成や大佛次郎ら鎌倉ゆかりの文人の資料を展示。館内は撮影禁止だが、外観や庭園は撮影可能。DATA ☎0467-23-3911 住鎌倉市長谷1-5-3 交江ノ電由比ヶ浜駅から徒歩7分／長谷駅から徒歩10分 料入館300～500円(展覧会により異なる) 時9～17時(10～2月は～16時30分) 休月曜(祝日の場合は開館、5・6・10・11月は月1回の休館を除き開館)、年末年始、展示替え・特別整理期間

1 常設展示室1。文学者たちの直筆原稿を展示している 2 本館への入口。重厚感のある扉には、建設当時のままの趣ある取っ手が 3 西欧の建築様式を基調に、和風のエッセンスも取り入れた独特なデザイン

江ノ電×鳥居の撮影スポットとして人気

御霊神社

ごりょうじんじゃ

MAP P123B3

創建年代は推定で平安時代後期。武勇をもって知られる鎌倉権五郎景正公を祭神とすることから、「権五郎神社」ともよばれ親しまれている。景正公の命日である9月18日に行われる「面掛行列」は、県の無形民俗文化財に指定されている奇祭。

DATA ☎なし 住鎌倉市坂ノ下3-17 交江ノ電長谷駅から徒歩5分 料拝観無料(収蔵庫は100円) 時境内自由(収蔵庫は9～17時) 休無休

1 現在の本殿は大正時代に建立された。境内にはほかにも稲荷神社、秋葉神社、祖霊社など小さな社が点在している 2 鳥居が江ノ電の線路のすぐ脇に立っている。うっそうとした木々と石造りの鳥居、江ノ電車両のバランスがよく、フォトジェニックスポットとして有名だ

四季の花が咲く鎌倉を代表する花寺

光則寺

こうそくじ

MAP P123B3

開基は鎌倉幕府5代執権・北条時頼の家臣である宿《やど》屋《や》光則《みつのり》。文永11年(1274)に日蓮の弟子、日朗を開山の折に迎えたという。境内にはかつて日朗が幽閉されていた土牢跡も残る。

DATA ☎0467-22-2077 住鎌倉市長谷3-9-7 交江ノ電長谷駅から徒歩6分 料拝観100円 時8～17時 休無休

樹齢は約200年のカイドウ。重厚な本堂との調和が美しい

毎日の暮らしにそっと寄り添うやさしいおやつ

フォンフォンシフォン カマクラ

ふぉんふぉんしふぉん かまくら

MAP P122D2

三浦半島産の新鮮卵や良質な特等粉、てんさい糖など素材にこだわった体にやさしいシフォンケーキを販売。季節限定のフレーバーなども登場し、種類豊富に揃う。DATA ☎0467-25-5208 住鎌倉市御成町4-15みゆきビル202 交JR鎌倉駅西口から徒歩5分 時11～18時 休月・火曜

1

2 3

1 やさしい味わいが人気。日曜は各地のマーケットに出店 2 濃厚なベルギーチョコシフォン432円は、甘さ控えめな味わい 3 三浦半島産のブランド卵を100%使用した姫シフォン432円

慈善救済事業の拠点だった寺院

極楽寺

ごくらくじ

MAP P123A4

北条重時《しげとき》が創建した鎌倉唯一の真言律宗の寺。寺の開山といわれる僧、忍性《にんしょう》が招かれたのは文永4年(1267)。最盛期には七堂伽藍と多くの子院を有し、医療や福祉施設としての役割も担っていた。DATA ☎0467-22-3402 住鎌倉市極楽寺3-6-7 交江ノ電極楽寺駅から徒歩2分 料拝観無料 時9時～16時30分 休12月25～31日(宝物殿は仏像修復のため2021年春まで閉館) ※山門から先の境内は写真撮影不可

厚い茅葺きの山門は質素な造りながら重厚感があり、往時の隆盛を偲ばせるのに十分な風格

300年以上続く鎌倉銘菓の店

力餅家

ちからもちや

MAP P123B4

元禄時代創業の老舗和菓子店。鎌倉の定番贈答品である名物・力餅は、昔ながらの製法で作られ、なめらかなこし餡とつきたての餅の食感が絶妙。昔から変わらない味を求めて、多くの人が訪れる。
DATA ☎0467-22-0513 住鎌倉市坂ノ下18-18 交江ノ電長谷駅から徒歩4分 時9～18時 休水曜、第3火曜

1

2

1 町を見守り続ける歴史あるただずまい 2 おみやげにもぴったりな力餅10個670円。賞味期限は当日限り

鎌倉にちなんだ駄菓子

駄菓子や 長谷店

だがしや はせてん

MAP P123B3

鎌倉のお手軽みやげの代表格、大仏・湘南グミ200円や、金の大仏あめ300円など、この土地ならではのオリジナル駄菓子を販売。長谷通り沿いにあり、修学旅行の学生たちで賑わう。
DATA ☎0467-22-6499 住鎌倉市長谷2-14-20 交江ノ電長谷駅から徒歩1分 時15～18時(土・日曜、祝日は10時～) 休不定休

大仏と電車の形をしたグミはコーラやソーダ味など

撮影スポット多数の古刹

成就院

じょうじゅいん

MAP P123A4

平安初期に弘法大師空海が護摩供養を修したという霊場跡。現在の寺は承久元年(1219)、北条泰時が創建した。108段の階段を上った山上にあり、境内からは由比ヶ浜を一望できる。
DATA ☎0467-22-3401 住鎌倉市極楽寺1-1-5 交江ノ電極楽寺駅から徒歩5分 料拝観志納 時8～17時 休無休

不動明王像。本堂に安置されている本尊の分身。剣を持つ右腕の形が恋人と腕を組む姿に見えることから、縁結びのパワースポットとして知られる

稲村ガ崎 七里ガ浜

国道沿いにカフェやサーフショップが点在。江ノ電に乗れば相模湾と江の島が眺められる、これぞ湘南！なエリア。

ソロタビ PLAN

オーシャンビューのカフェやレストランは人気で平日も混雑しているので、行くときは時間に余裕をもって。4時間程度でまわれるエリアなので景色を楽しみながら歩こう。

所要 4時間

Start 稲村ヶ崎駅

↓

Solo tabi Plan

① 10:00 鎌倉海浜公園 稲村ガ崎地区を散策 →P84

運がよければ富士山と江の島が見れられる絶景スポット

散策の途中にはアンティークショップR old furnitureへ

↓

② 11:00 Pacific DRIVE-IN でハワイアンランチ

→P86

海沿いのドライブインカフェでハワイアンメニューを楽しもう

ローカルフードやドリンクが揃っている

↓

③ 12:00 七高通りで江ノ電と海のコラボをパシャリ！

→P84

光り輝く海をバックに、江ノ電が通る瞬間がシャッターチャンス!

Pacific DRIVE-INでテイクアウトしたドリンク片手に海風を感じながらお散歩

↓

④ 12:30 BLUE HORIZON で湘南テイストの雑貨をおみやげにゲット♪ →P85

湘南を感じられるビーチっぽグッズを購入

国内外から仕入れたインポートグッズも多い

↓

©Petrina Tinslay

©Petrina Tinslay

⑤ 13:00 bills 七里ヶ浜で優雅にひと休み

→P86

シドニーの名店の日本第一号店でブレイクタイム

ヘルシーなサラダからパスタやデザートまで豊富なメニューが揃う

↓

Goal 七里ヶ浜駅

ACCESS

■ 鎌倉駅
江ノ島電鉄藤沢駅行きで10分
■ 稲村ヶ崎駅
江ノ島電鉄藤沢駅行きで3分
■ 七里ヶ浜駅

☎0467-23-3050
鎌倉市観光協会

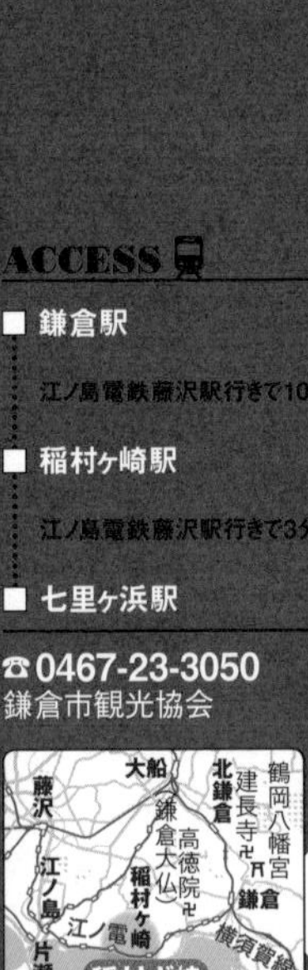

MAP P112-113

ココもCHECK！

鎌倉の温泉でくつろぎたいなら

炭酸水素塩泉を楽しめる日帰り温泉施設。2階にある浴場で、美しい江の島を見ながら入浴できる。とろっとした湯は保湿効果が高く、美肌の湯として女性に人気だ。

稲村ヶ崎温泉 いなむらがさきおんせん

MAP P113B3

DATA ☎0467-22-7199 住鎌倉市稲村ガ崎1-16-13 交江ノ電稲村ヶ崎駅から徒歩5分 料入浴1530円 時9～21時(最終入場は～20時) 休不定休

湯の色は褐色で湯の華が舞っている。絶景を眺めながらの湯浴みを満喫したい

大海原を望むスポットはココ

1 鎌倉海浜公園 稲村ガ崎地区《かまくらかいひんこうえん いなむらがさきちく》

湘南の海を一望できる絶景ポイントの公園。夕暮れどきの美しさは格別で、天気がよければ富士山と江の島が見られる。

DATA →P84

2 七高通り《しちこうどおり》

江ノ電とオーシャンビューのコラボが美しくドラマ撮影にも使われる絶景スポット。明るい日中の訪問がおすすめ。

DATA →P84

3 Pacific DRIVE-IN《ぱしふぃっく どらいぶいん》

「鎌倉のハワイ」ともよばれ、開放的な雰囲気。店内に40席、テラスに40席あり、海を眺めながら食事が楽しめる。

DATA →P86

ソロタビPoint

夕方の江の島はシャッターチャンス!

海沿いの稲村ガ崎や七里ガ浜は、日没になると夕日が海に沈んでいく様子が見られる。絶好の撮影チャンスで、公園の高台からの撮影がおすすめ。

Visiting 湘南ならではの景色に出合いたい

江ノ電沿いの海街を自由気ままにソロさんぽ

江ノ電沿線の中でも最も海を感じることができるのが稲村ガ崎や七里ガ浜。海沿いをお散歩しながら、ランチや買い物を楽しもう。景色がよいので撮影も忘れずに!

相模湾に突き出た江の島と富士山を一望する景勝地

1 鎌倉海浜公園《かまくらかいひんこうえん》 稲村ガ崎地区《いなむらがさきちく》

MAP P113B3

新田義貞が大軍を連れて、ここから鎌倉幕府に攻め入り、幕府を滅ぼしたと伝わる場所。現在は芝生広場などが整備されたのどかな公園で、富士山や江の島を一望できる。さまざまな映画やドラマのロケ地としても有名。

DATA ☎0467-45-2750(鎌倉中央公園) 住鎌倉市稲村ガ崎1 交江ノ電稲村ヶ崎駅から徒歩5分 時12時～日没 料時休入園自由

絶景Point!

江の島×海のコラボを高台から。夕日の美しさでも有名なので日没を狙っていくのもおすすめ

公園は海に突き出す場所にあり、眺望抜群。潮風さんぽを楽しんで

徒歩7分

徒歩6分

徒歩10分

海と江ノ電が織りなす絶景スポット

3 七高通り《しちこうどおり》

MAP P113B3

七里ガ浜高校と鎌倉プリンスホテル(→P100)の間を通る坂道。緩やかな坂の先を時折江ノ電が通り過ぎて、その先は海。鎌倉定番の絶景スポットは、数多くのドラマなどにも登場している。

DATA 住鎌倉市七里ガ浜東2 交江ノ電七里ヶ浜駅から徒歩7分

絶景Point!

定番はやっぱり坂の上から。海の色がはっきりする昼ごろが素敵。撮影の際は車に注意して

坂の中腹から望遠レンズで狙うとこんな写真が撮れる

大切に守られてきた古道具の魅力を次世代へ

2 R old furniture《あーる おーるど ふぁにちゃー》

MAP P113B3

古いものを現代に調和させるライフスタイルを提案。築100年以上の古民家に、明治から昭和初期の古道具や骨董品が並ぶ。できるかぎりそのままの状態を生かし、リペアは必要最低限のみ。

DATA ☎0467-23-6172 住鎌倉市稲村ガ崎3-7-14 交江ノ電稲村ヶ崎駅から徒歩5分 時12時～日没 休月・火曜

1

2

3

1 ディスプレイはインテリアの参考になる 2 椅子5000円。昭和30年代に使われていた子ども用の椅子 3 こねばち6000円。水を入れて花を浮かべてもステキ

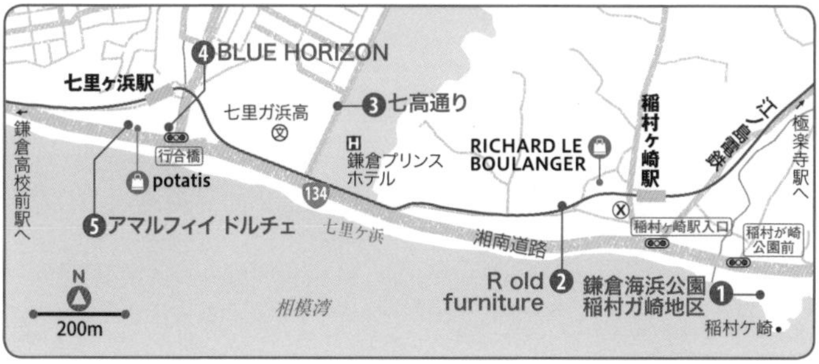

鎌倉にちなんだスイーツや焼き菓子が充実

5 アマルフィイ ドルチェ《あまるふぃい どるちぇ》

徒歩1分

MAP P113B3

七里ヶ浜駅近くの人気のドルチェ。店内にはイタリア伝統のお菓子や地元食材を使ったケーキが揃う。特産のシラスとあおさを使ったメレンゲのクッキー、し〜らす389円が人気。味はバジルなどの3種類。

DATA ☎0467-38-1911 住鎌倉市七里ガ浜1-3-14 1階 交江ノ電七里ヶ浜駅から徒歩1分 時10〜19時(季節により変動あり) 休無休

1 店内にはテラスやイートインスペースもある 2 レモンの風味と鎌倉の塩が決め手の甘さひかえめな七里サブレ5枚入り637円

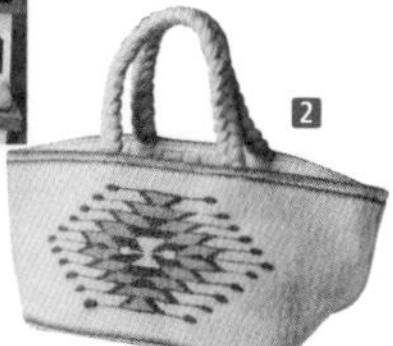

1 メンズとレディスの割合は半々ほど 2 ミニトート1万3200円。メキシコの職人が手織りで仕上げるウール製のハンドメイドバッグ

湘南らしいテイストの雑貨をみやげに

4 BLUE HORIZON《ぶるー ほらいずん》

MAP P113B3

ビーチでもタウンでも使えるアパレルや雑貨をテーマに、国内外のブランドからセレクトしたアイテムを展開。湘南のレジェンドサーファー・出川三千男氏がオーナーなだけあって、どれもサーフテイストがあふれる商品ばかり。

DATA ☎0467-32-2973 住鎌倉市七里ガ浜1-1-1 WEEKEND HOUSE ALLEY 1階 交江ノ電七里ヶ浜駅から徒歩1分 時10〜19時 休無休

テイクアウトして海辺でランチ!

海岸沿いにはテイクアウトできるお店もたくさん。海風を感じながらのランチタイムもいい! とんびには注意して!

potatis《ぽたてぃす》

MAP P113B3

フライドポテトとシェイクの専門店。じゃがいものカットは5種類、ディップソースは10種類から選べる楽しいスタイル。外はカリッ、中はホクホクで、食べ始めると止まらなくなる。

DATA ☎0467-32-1177 住鎌倉市七里ガ浜1-3-12 KAMAKURA310 1階 交江ノ電七里ヶ浜駅から徒歩1分 時9時30分〜17時30分LO 休木曜、第2・4水曜

1 シェイク400円〜。ベースのバニラに好きなフレーバーをミックスできる 2 フライドポテトM 550円。カットは定番のスティック、太めのウェッジなど5種類

RICHARD LE BOULANGER《りちゃーど る ぶーらんじぇ》

MAP P113B3

イースト菌をごく少量しか使わずに、1日かけて生地を発酵させる低温長時間熟成のパンが人気。カフェも併設しているので、買ったパンをハワイアンコーヒー540円〜と一緒に味わえる。DATA ☎090-6705-0007 住鎌倉市稲村ガ崎3-3-25 交江ノ電稲村ヶ崎駅から徒歩1分 時9〜18時(土・日曜、祝日8時〜) 休火・水曜

自家製バンズに牛100%のハンバーグを挟んだボリューム満点のチーズバーガー1242円〜

稲村ガ崎・七里ガ浜の

ソロタビグルメ

海を見ながらのおしゃれランチも、新鮮な地魚も楽しめてしまう贅沢なエリア。江ノ電を眺めながらの食事もできるのでその日の気分に合わせて選んで。

潮風と波音に癒やされるハワイアンなランチタイム

Pacific DRIVE-IN

ぱしふぃっく どらいぶいん

MAP P113B3

七里ヶ浜海岸駐車場に立つハワイアンダイナー。本場のハワイアンプレートランチは、ガーリックシュリンプやパンケーキが人気。ビーチが目の前に広がるテラス席は爽快感抜群。

DATA ☎0467-32-9777 住 鎌倉市七里ガ浜東2-1-12 交 江ノ電七里ヶ浜駅から徒歩3分 時 8～20時(11時までは朝食メニューのみ)※11～2月の平日は10時～(朝食メニューなし) 休 不定休

カウンター席 なし　ベストタイム 8:00～11:00

1 テイクアウトOKなのでビーチで食べるのもおすすめ 2 フード550円～ 3 富士山だけでなく海に浮かぶ伊豆大島も一望できる

1

2

3

ビーチサイドのテラスでシドニー生まれの創作料理を

bills 七里ヶ浜

びるず しちりがはま

MAP P113B3

シドニー発のオールデイダイニング「bills」。世界のフードトレンドを牽引するビル・グレンジャー氏考案の創作メニューは、素材を生かした逸品揃い。最先端のヘルシーフードも充実。

DATA ☎0467-39-2244 住 鎌倉市七里ガ浜1-1-1 WEEKEND HOUSE ALLEY 2階 交 江ノ電七里ヶ浜駅から徒歩1分 時 7～21時(月曜は～17時) 休 不定休

カウンター席 なし

ベストタイム 15:00～18:00

1 アサリのうま味とピリッと辛いソースがよく合うアサリのリングイーネ1793円 2 店内からも海と水平線が見える

1

2 ©Petrina Tinslay

生シラスを贅沢に用いた食感が楽しい名物かき揚げ

池田丸 稲村ヶ崎店

いけだまる いなむらがさきてん

MAP P113B3

リピーターが多い地魚料理店。店が所有する漁船で水揚げしたり、漁師から直接買い付けた鮮度抜群の魚介が自慢。釜揚げシラスを使用したかき揚げや生シラス、釜揚げシラスなどが並ぶしらす定食が名物。DATA ☎0467-61-2424 住 鎌倉市稲村ガ崎3-5-17 交 江ノ電稲村ヶ崎駅から徒歩2分 時 11時30分～15時、17時～20時30分(土・日曜、祝日は通し営業) 休 不定休

カウンター席 なし

ベストタイム

どの時間でもOK

1 2階の窓際の席からは相模湾が一望できる 2 メインから小鉢まで地元食材で揃えたしらす定食1640円

1

2

江ノ電を眺めながら極上の干物定食に舌鼓

ヨリドコロ《よりどころ》

MAP P113B3

江ノ電路線沿いの古民家風食事処。オーナーの実家が干物専門店を営んでおり、手作り干物を用いた定食が人気。卵198円を注文し、メレンゲ状の卵かけご飯をプラスするのも◎。

DATA ☎0467-40-5737 ㊟鎌倉市稲村ガ崎1-12-16 ㊋江ノ電稲村ヶ崎駅から徒歩2分 ㊐7～9時、11～18時 ㊡不定休

カウンター席 4席

ベストタイム 日により異なる

1 さば（塩）定食1595円。干物は相模湾をはじめ近海産を中心とした無添加のもの 2 線路に面したカウンター席。席の予約もできる

テラス席からオーシャンビューを独り占め

アマルフィイ デラセーラ《あまるふぃい でらせーら》

MAP P113B3

七里ガ浜の高台から相模湾を見渡せるテラス席が人気。鎌倉野菜や地魚を使った素材にこだわったイタリアンが楽しめる。専用のピザ窯で焼き上げるローマ風ピッツァが評判。DATA ☎0467-32-2001 ㊟鎌倉市七里ガ浜1-5-10 ㊋江ノ電七里ヶ浜駅から徒歩5分 ㊐11～21時LO（土・日曜、祝日10時30分～。冬期変動あり）㊡無休 カウンター席 なし ベストタイム 14:00～16:00

1 ランチセットのアマルフィイ2640円。ピッツァまたはパスタに前菜やサラダなどが付く 2 白い建物がかわいらしい一軒家レストラン 3 江の島はもちろん富士山が見えることも

ハワイで人気の絶品バーガー

teddy's bigger burgers《てでぃーず びがー ばーがーず》

MAP P113B3

「ハワイBESTバーガー賞」の受賞経験もあるバーガー店が鎌倉に出店。特殊な高火力グリルで焼くUSビーフ100％のパティや自家製ソース、新鮮野菜が見事に融合。DATA ☎0467-53-7103 ㊟鎌倉市七里ガ浜1-3-12 KAMA KURA310ビル2階 ㊋江ノ電七里ヶ浜駅から徒歩1分 ㊐11時～19時30分LO（土・日曜、祝日は10時～）㊡不定休

カウンター席 18席

ベストタイム 15:00～

プレミアムハワイアンバーガー1177円。バンズの種類とパティのサイズが選べる

地元漁師から仕入れた鮮魚を使用

お魚亭《おさかなてい》

MAP P113B3

七里ガ浜の山の手の住宅街にある鮮魚自慢の食事処。つみれ汁や寿司、天ぷらなどの地イワシを使った名物料理は必食。DATA ☎0467-31-9890 ㊟鎌倉市七里ガ浜東3-1-9 ㊋江ノ電七里ヶ浜駅から徒歩15分 ㊐11時30分～15時、17～22時※魚がなくなり次第閉店 ㊡木曜（祝日の場合は営業）

カウンター席 7席

ベストタイム 13:00～14:00

Bコース2970円。おまかせ握り8貫にイワシの大葉揚げ、つみれ汁が付いている

稲村ガ崎の絶景を望む老舗店

RESTAURANT MAIN《れすとらん めいん》

MAP P113B3

昭和43年（1968）オープン。全席から海が見える抜群のロケーションが自慢で、沈む夕日の美しさは格別。シェフこだわりの洋食は、ハンバーグやブイヤベースなどさまざま。メインが選べるランチも好評。DATA ☎0467-24-0235 ㊟鎌倉市稲村ガ崎1-16-13 ㊋江ノ電稲村ヶ崎駅から徒歩3分 ㊐11～21時LO ㊡無休

カウンター席 8席

ベストタイム 14:00～16:00

MAINのハンバーグステーキデミグラスソース2035円

車窓から眺めるアジサイと海。鎌倉らしい絶景に出合う

江ノ電沿線フォトスポット

鎌倉～藤沢間を走る江ノ島電鉄・通称江ノ電。車内から眺める街並みや海の美しさもさることながら、江ノ電をよりフォトジェニックに撮れる撮影スポットを探し歩くのも一興。

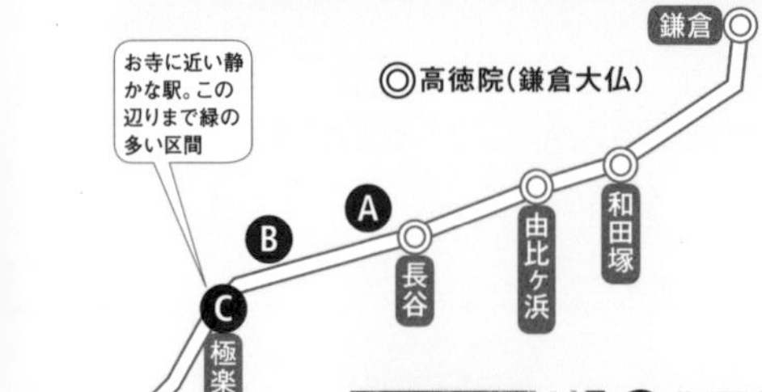

アジサイの中を走り抜ける江ノ電にうっとり

レトロな車両で街なかを走る
キュートなローカル電車の旅へ

江ノ島電鉄《えのしまでんてつ》

MAP P112C3～P113A2

鎌倉駅と藤沢駅を結ぶ電車。海岸線を併走する区間や民家をすり抜ける区間、半径28mの急カーブなど、みどころが充実。車窓からの景色と、景観に映えるレトロな車両を楽しみたい。

DATA ☎0466-24-2713(鉄道部旅客課) 料 初乗り200円、鎌倉駅～藤沢駅の片道運賃310円、江ノ電1日乗車券「のりおりくん」650円 時 鎌倉駅～藤沢駅を約33分で走行

A 御霊神社《ごりょうじんじゃ》

鳥居越しに江ノ電の走る姿が見える人気の撮影スポット

MAP P123B3

神社付近の線路沿いには鳥居が立ち、周囲には色とりどりのアジサイが植えられている。5月中旬～6月下旬には花々に囲まれた情緒豊かな江ノ電を撮影できる。

DATA →P80

B 極楽洞《ごくらくどう》

MAP P123A4

全長約200mの江ノ電唯一のトンネル。極楽寺側の入口はレンガ造りの坑門になっており、建設当時の姿をとどめている。桜橋の上でカメラを構え、トンネルから出てきた瞬間を狙おう。

DATA 交 江ノ電極楽寺駅からすぐ 住 極楽寺2 料 時 休 見学自由

アーチ形のトンネルから出てくる瞬間をお見逃しなく

江ノ電豆知識

Q 車内のこだわりは？

A 現役で走る車両のなかで最も古い300形のインテリアは必見。ほかの車両にはないレトロなこだわりが。

バス窓

昭和30年ごろ流行したアメリカ式の窓。上部は採光用の固定窓、下部は開閉窓に

木の床

木目がレトロ感を演出。シートはオールロングシートを採用し、座り心地はやや固め

Q どんな車両があるの？

A 江ノ電といえば緑×クリーム色のイメージが強いが、実は車両それぞれが個性豊か! ここで一部の車両をピックアップ。

2000形

大きなガラス窓を採用したデザインと展望のよさが特徴

1000形

48年ぶりの完全新造車両として新たな江ノ電スタイルを構築

10形

オリエント急行を思わせる紺色、ぬくもりのある木目調が魅力

E 鎌倉高校前駅《かまくらこうこうまええき》

MAP P113B3

海に面してホームが設置され、電車を降りるとすぐ目の前に相模湾が180度広がる絶好のロケーション。天気がよいと江の島の向こうに富士山が見えることも。DATA 交江ノ電鎌倉高校前駅 料時休見学自由

潮風が心地よいホームで風景を楽しんで

F 腰越駅～江ノ島駅《こしごええき～えのしまえき》

併用軌道とよばれ、一般道路に進入して車とともに走る区間。左右にさまざまな建物が立つ通りをゆっくり走る様子に、どこかノスタルジックな雰囲気が感じられる。

DATA 料時休見学自由

電車はもちろん、通行する人や車に十分注意して撮影しよう

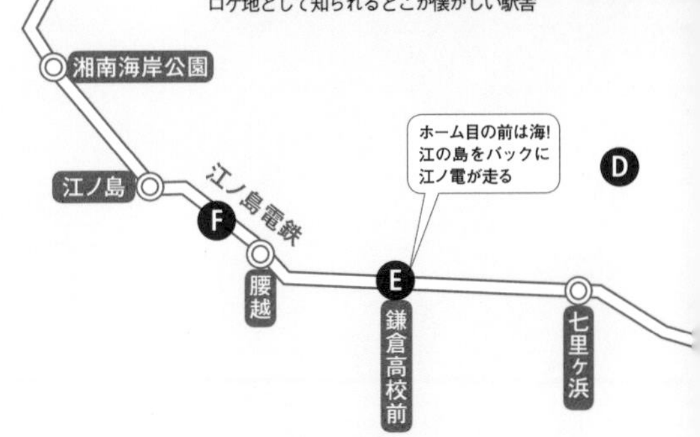

C 極楽寺駅《ごくらくじえき》

MAP P123A4

極楽洞を抜けるとすぐ、極楽寺駅に到着。小さなかわいらしい駅舎や駅周辺は、映画やドラマの舞台としてたびたび登場する。

DATA 交江ノ電極楽寺駅 料時休見学自由

ロケ地として知られるどこか懐かしい駅舎

乗車記念に! 江ノ電みやげをチェック

江ノ電グッズを狙うならココ!

ことのいち鎌倉《ことのいちかまくら》

鎌倉駅構内 MAP P119A3

鎌倉みやげを集めたエキナカショップ。豊富なラインナップが魅力で、ここでしか買えない江ノ電グッズも多い。DATA ☎0467-22-2223 住鎌倉市御成町1-15 交江ノ電鎌倉駅構内(ショップは駅構内のため乗車券または入場券が必要) 時10～19時(夏期は営業時間延長あり、要問合せ) 休不定休

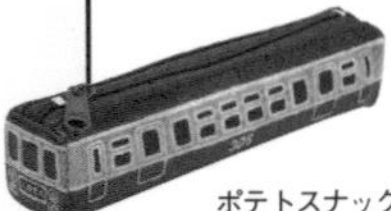

深みのある色合いが素敵な江ノ電フリーケース970円

ポテトスナックにチョコをコーティングした江ノ電ぽてとチョコ750円

江ノ電車両がシンボルの老舗

扇屋《おうぎや》

江の島 MAP P125A1

実際に使われていた江ノ電の車体が、店頭に置かれた地元で有名な老舗菓子店。定番の和菓子のほか、おみやげにぴったりの江ノ電もなかなどオリジナル菓子も評判。

DATA ☎0466-22-3430 住藤沢市片瀬海岸1-6-7 交江ノ電江ノ島駅から徒歩3分 時9～17時(売り切れ次第終了) 休不定休

5種類の餡が入った江ノ電もなか10個入1500円

江ノ電の車内から店頭の車両が見える

D 七高通り《しちこうどおり》

MAP P113B3

海と江ノ電を一度に望める、鎌倉ならではの絶景が広がる。DATA →P84

多くのドラマにも登場する人気の場所

江の島

鎌倉の西側に浮かぶ周囲4㎞の島。縁結びのパワースポット江島神社を中心に、景勝地や水族館など観光スポットが充実。近くの漁港でとれた海の幸や食べ歩きも楽しみたい。

ソロタビ PLAN

新江ノ島水族館からは江の島弁天橋を歩いて島内へ。鳥居をくぐって参道を歩けば、正面に江島神社が見えてくる。展望灯台までは江の島エスカーに乗ると楽に到着できる。

所要 7時間

Solo tabi Plan

Start 江ノ電江ノ島駅

↓

① 10:00 さまざまな生き物に会える新江ノ島水族館へ

→P97

幻想的なクラゲファンタジーホールではショーも開催

さまざまな環境を再現した相模湾ゾーン

↓

② 13:00 海の幸グルメを堪能する

→P94

豪快に10種類のネタがのるしらす問屋とびっちょ 江の島本店のとびっちょ丼

気軽に海の幸を楽しめるテイクアウトグルメも充実

↓

③ 14:30 江島神社で縁結び祈願

→P92

源実朝が創建したとされる辺津宮

ピンクの絵馬に願いを綴って奉納すれば恋が叶うかも

↓

④ 15:00 おしゃれなカフェでひと休み

→P13・96

Café Madu江の島店は相模湾を望む、開放感のある海カフェ

しまカフェ 江のまるは、大正時代に建てられた日本家屋を使用

↓

⑤ 16:00 絶景スポットから湘南を一望

→P93

高さ59.8mの展望灯台、江の島シーキャンドルからの眺め

冬にはイルミネーションで敷地内が彩られる

↓

Goal 江ノ電江ノ島駅

ACCESS

- 鎌倉駅
  - 江ノ島電鉄で23分
- 江ノ島駅

- 新宿駅
  - 小田急線快速急行で57分
- 藤沢駅
  - 小田急線江ノ島線で7分
- 片瀬江ノ島駅

☎0466-24-4141
片瀬江の島観光案内所

MAP P124-125

ココもCHECK！

フォトジェニックなスムージー

繊細で華麗なデコレーションを施したスムージーが話題のアートスムージー専門店。見た目だけでなく、提携農家のフルーツや野菜を使うなど素材へのこだわりも強い。

imore《あいもあ》

MAP P125A1

DATA ☎非公開 住藤沢市片瀬海岸1-8-39 2階 交江ノ電江ノ島駅から徒歩1分 時11時～17時30分LO 休不定休

パープルスムージー（手前）ホワイトスムージー（奥）各748円～（トッピングあり）

江の島の観光名所はココ

1 江島神社《えのしまじんじゃ》

海の神様を祀った辺津宮、中津宮、奥津宮の総称。「奉安殿」には妙音弁天像が奉安され、別名「裸弁財天」ともよばれている。

DATA → P92

2 江の島サムエル・コッキング苑《えのしまさむえる・こっきんぐえん》

英国人貿易商サムエル・コッキング氏が明治中期に造形した庭園の跡。苑内には四季折々の花が咲く。

DATA → P93

3 江の島岩屋《えのしまいわや》

波の浸食によってできた洞窟で、弘法大師や日蓮上人も修業したという江の島信仰発祥の地。龍神伝説にちなんだ演出も。

DATA → P93

Visiting 潮風に吹かれ、パワスポや絶景へ

湘南を見渡す江の島の王道スポットめぐり

絶景を望む観光名所や、運気アップのパワースポットなど、江の島に来たらマストで行きたいスポットを巡るコースで、江の島の魅力を余すことなく満喫したい。

江の島弁天橋を渡って島に上陸

ソロタビPoint

江の島エスカーが楽ちん♪

鎌倉から江ノ電で23分、駅から江ノ島まで徒歩15分。島の頂上へは階段が続くので、エスカレーター「江の島エスカー（→P93）」の利用も。

参道を散策しながらグルメも楽しもう

1 江の島弁財天仲見世通り

えのしまべんざいてん なかみせどおり

MAP P125B2

青銅の鳥居から江島神社の鳥居までのびる約200mの参道沿いに食事処やみやげ店が立ち並ぶ、江の島弁財天仲見世通り。たこせんべいやアイス最中など、テイクアウトグルメ（→P95）も充実。ゆるやかな坂が続く通りには観光客が絶えない。

DATA ☎0466-22-4141（藤沢市観光センター）住藤沢市江の島 交江ノ電江ノ島駅下車、徒歩15分 料時休散策自由

人気のグルメ店が立ち並び、連日多くの観光客で賑わいをみせる

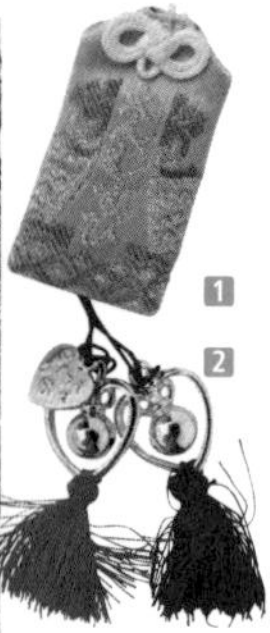

1 2

3

徒歩5分

4

女神が鎮座する江の島のシンボル

2 江島神社 辺津宮

えのしまじんじゃ へつみや

MAP P125B3

海の女神を祀った辺津宮、中津宮、奥津宮からなる江島神社。辺津宮にある奉安殿には日本三大弁財天の妙音弁財天が奉安され、縁結びスポットとしても有名。ピンクの絵馬500円に願いを綴って奉納すれば思いが叶うかも。

DATA ☎0466-22-4020 住藤沢市江の島2-3-8 交江ノ電江ノ島駅から徒歩20分 料拝観無料（奉安殿のみ拝観200円）時休拝観自由（奉安殿は8時30分～17時）

1 色はピンクのほかグリーンもある、縁結び守り800円 2 2つのハートをあしらったキュートな縁結び守り800円 3 建永元年（1206）に創建された辺津宮 4 恋愛運アップのご利益がある奉安殿

＼ こちらもチェック！ ／

中津宮 なかつみや MAP P125B3

元禄時代に改修された当時の姿を再現。水琴窟に立ち寄る際は、開運水みくじ100円を引いてみよう。

奥津宮 おくつみや MAP P125A3

拝殿天井画の八方睨みの亀や、亀の形に似た亀石、源頼朝が寄付した鳥居などみどころ満載。

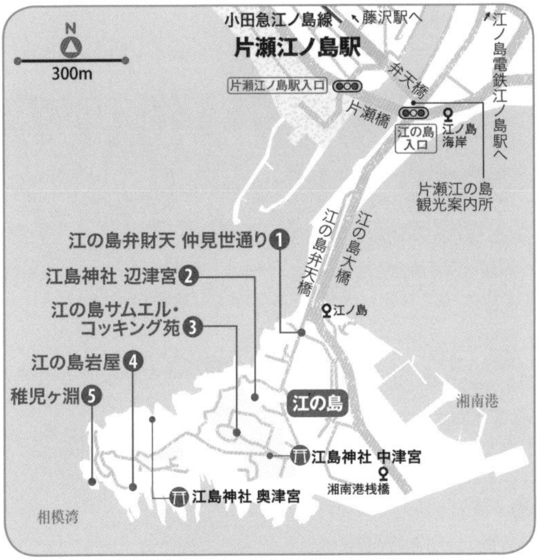

日本初の屋外エスカレーター

江の島サムエル・コッキング苑・江の島シーキャンドル（展望灯台）もセットになった、セット券なども販売

江の島エスカー《えのしまえすかー》

MAP P125B3

高低差46mの道のりを全長106m4連で結び、頂上までわずか4分でたどりつける。

DATA ☎0466-23-2444（江の島サムエル・コッキング苑）住藤沢市江の島2-3 交小田急江ノ島線片瀬江ノ島駅から徒歩15分 料全区間360円 時9時～19時5分 休無休

1 展望灯台は江の島シーキャンドルとよばれている 2 海抜101.5mの展望フロアからは湘南を一望

湘南を一望できる絶景スポット

3 江の島サムエル・コッキング苑《えのしまさむえる・こっきんぐえん》

徒歩10分

MAP P125B3

明治15年（1882）、英国人貿易商のサムエル・コッキング氏が造形した和洋折衷庭園の跡地。苑内には世界各国の珍しい植物や、高さ59.8mの展望灯台などみどころが多い。

DATA ☎0466-23-2444 住藤沢市江の島2-3-28 交江ノ電江ノ島駅から徒歩25分 料入苑200円、展望灯台500円 時9～20時（最終入苑19時30分） 休無休

徒歩13分

ロウソクの灯りを頼りに神秘の洞窟を探索

4 江の島岩屋《えのしまいわや》

MAP P125A4

江の島の最奥部にある洞窟で、弘法大師や日蓮上人も修行したといわれる、江の島信仰発祥の地。第一岩屋と第二岩屋があり、ロウソクを灯しながら神秘的な洞窟内を見学できる。

DATA ☎0466-22-4141（藤沢市観光センター）住藤沢市江の島2 交江ノ電江ノ島駅から徒歩40分 料入洞500円 時9～16時（季節、イベントなどにより延長あり） 休荒天時

薄暗い洞窟の中には浮世絵や龍神伝説のオブジェがある

徒歩3分

悲しい恋伝説が伝わる景勝地

5 稚児ヶ淵《ちごがふち》

MAP P125A3

波の浸食と隆起によってできた岩場。天気のよい日は伊豆半島や富士山を一望でき、特に夕暮れ時の美しさは見事。かつて鎌倉相承院の稚児白菊が悲恋によりこの崖から身を投げたことが名前の由来とされている。

DATA ☎0466-24-4141（片瀬江の島観光案内所）住藤沢市江の島 交江ノ電江ノ島駅から徒歩40分 料時休見学自由（荒天時立入不可）

かながわの景勝50選のひとつに選ばれている

Eating

江の島でのランチはこれで決まり！

贅沢な盛り付けの海鮮丼に大満足

片瀬漁港や腰越漁港など、近くの漁港で水揚げされた新鮮な魚介類の数々。江の島のランチなら地魚たっぷりの海鮮丼を味わいたい。

とびっちょ丼
2079円

マグロ、イクラ、ふっくらやわらかな釜揚げシラスなど10種類のネタがのる豪華丼。特製ダレで仕上げた穴子も絶品

2階席もある。テイクアウトメニューも用意

DATA ☎0466-23-0041 ㊟藤沢市江の島1-6-7 ㊋江ノ電江ノ島駅から徒歩15分 ㊕11～20時LO ㊡無休

江の島の入口でシラスと海の幸を味わい尽くす

しらす問屋とびっちょ 江の島本店

しらすどんやとびっちょ えのしまほんてん

MAP P124C2

種類豊富なシラス料理を提供する、常に行列が絶えない有名店。地元漁師と付き合いが古く、新鮮なシラス料理や海鮮を堪能することができる。なかでも専用釜でゆで上げたシラスのうま味が味わえる、しらす丼1078円が人気。

ソロタビPoint

生シラスの禁漁期間に注意！

江の島名物「生シラス」は、悪天候で船が出ない場合や、1月1日～3月10日の禁漁期間は食べられないので注意しよう。

江の島産の伊勢エビを丸ごと1尾使用

丸だい 仙水

まるだい せんすい

MAP P125B2

海産物問屋直営の磯料理店。近海で揚がった新鮮な魚介類を使用した定食や丼の種類が充実している。生シラス、シラスかき揚げなど約10品を一度に楽しめるしらす花かご定食2200円（要予約）は女性に人気。

DATA ☎0466-26-4701 ㊟藤沢市江の島1-3-19 ㊋江ノ電江ノ島駅から徒歩15分 ㊕11～19時LO ㊡水曜（祝日の場合は営業）

テーブル席のほか、座敷もある

伊勢えび丼定食
2800円～

プリプリの伊勢エビを豪快に使った丼。タレが染み込んだ足もそのまま食べられる

富士山を望むテラス席で評判のしらす丼を

富士見亭

ふじみてい

MAP P125A3

江の島の高台にあり、テラス席からは富士山を眺めることができる、開放感満点の店。豊富な鮮魚メニューを揃え、定番の釜揚げしらす丼のほか、アジのたたき定食1705円、サザエの丸焼き1100円などが人気。

DATA ☎0466-22-4334 ㊟藤沢市江の島2-5-5 ㊋江ノ電江ノ島駅から徒歩40分 ㊕10時～日没LO ㊡不定休

稚児ヶ淵に下る階段の途中にあるので、休憩にも便利

釜揚げしらす丼
1155円

シラスの旨みを生かしたシンプルな調理法で、醤油などをかけなくてもおいしい

まかない丼 1680円
秘伝のゴマダレであえたナメロウや巨大な海苔を贅沢にのせた丼。魚のアラからとっただし汁もセット

全国丼グランプリ海鮮丼部門金賞のまかない丼は必食

江ノ島小屋
えのしまこや

MAP P125A1

片瀬漁港や九州、日本海など厳選した市場や漁場から直送された魚介が主役の人気店。魚の燻製をほぐしてバター醤油を利かせたホロホロ丼1740円など、ここでしか味わえないメニューが豊富。

目の前に海が広がるテラス席

DATA ☎0466-29-5875 住藤沢市片瀬海岸2-20-12江ノ島小屋1階 交江ノ電江ノ島駅から徒歩10分 時8時～14時30分LO、17時～20時30分LO 休不定休

生シラス丼 1296円
オゴノリの塩味がほんのりと残り、さっぱりとした後味。氷水につけて、身を締めたシラスはプリプリ

プリプリ食感がやみつきにとれぴちシラスてんこ盛り丼

江之島亭
えのしまてい

MAP P125B3

明治42年(1909)創業の老舗で、厳選した生シラスをはじめ、鮮度抜群の魚介を用いたメニューが豊富。その日の朝、片瀬漁港に揚がった魚が味わえる丼や定食も充実している。

DATA ☎0466-22-9111 住藤沢市江の島2-6-5 交江ノ電江ノ島駅から徒歩27分 時10時30分～18時30分(11～3月は日暮れ後1時間で閉店) 休不定休(荒天時は休業)

江の島頂上部に立つ店内には、開放的なオーシャンビューの席もある

江の島弁財天仲見世通りのテイクアウトグルメ

江の島の参道沿いには食べ歩きにぴったりの名物グルメの店がずらり。散策途中にふらっと立ち寄ろう。

江の島 貝作
えのしま かいさく

MAP P125B2

1階には食堂と磯焼きコーナーがあり、店先ではイカの丸焼きなど新鮮な魚介の磯焼きが味わえる。DATA ☎0466-22-3759 住藤沢市江の島1-3-20 交江ノ電江ノ島駅から徒歩15分 時10時30分～20時(季節・曜日により変動あり) 休不定休

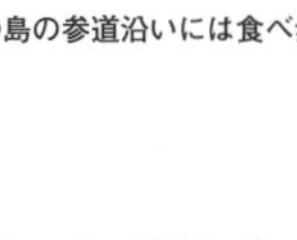
きざみサザエ(つぼ焼き)1個650円～。食べやすくカットした身を特製出汁ツユをかけて網の上でじっくり焼く

あさひ本店
あさひほんてん

MAP P125B3

長いときは3時間待ちもあるという行列店。約1tの圧力をかけて焼く丸焼きたこせんべい、エビ1尾を使ったエビせんべいが人気。DATA ☎0466-23-1775 住藤沢市江の島1-4-10 交江ノ電江ノ島駅から徒歩20分 時9～17時 休木曜、荒天時

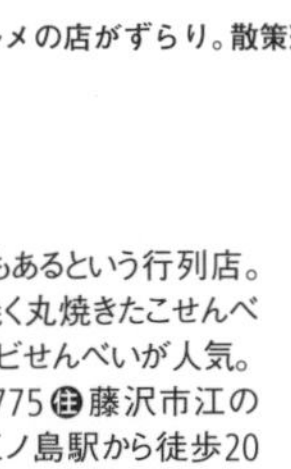
新鮮なイイダコを丸ごとプレスして作る丸焼きたこせんべい400円は長さ約35㎝の大きさ

しらす問屋とびっちょ 江の島弁財天仲見世通り店
しらすどんやとびっちょ えのしまべんざいてんなかみせどおりてん

MAP P125B2

丼や刺身のほか、テイクアウト商品やおみやげも販売している。

DATA ☎0466-29-9090 住藤沢市江の島2-1-9 交江ノ電江ノ島駅から徒歩15分 時11～20時LO 休不定休

しらすパン3個入り250円。外はカリッ、中はモチモチのパンの中にシラスとチーズがたっぷり

江の島の

ソロタビグルメ

地元ならではの湘南の海の幸をたっぷり盛り付けた丼やレトロな鎌倉が感じられるカフェなど、幅広い世代に愛される名店が充実している。

大正時代の建物の雰囲気を留める古民家カフェ

しまカフェ 江のまる《しまかふぇ えのまる》

MAP P125B3

みやげ店だった大正時代築の日本家屋をカフェに。柱や梁はそのままに、鎌倉の古民家で使われていたガラス戸を再利用するなど、レトロな空間を演出。店内には和雑貨販売コーナーやギャラリーも併設する。DATA ☎0466-47-6408 住藤沢市江の島2-3-37 交江ノ電江ノ島駅から徒歩25分 時11時～日没 休水曜(祝日の場合は翌日)

カウンター席 なし ベストタイム 11:00～12:30

1 古いちゃぶ台に脚を付けたテーブルは店主の自作 2 店は江の島サムエル・コッキング苑(→P93)の先にある 3 江のまるスペシャルスイーツ770円。濃厚なバナナケーキに果物の酸味を利かせたソースとクラッシュナッツを添えた人気メニュー(コーヒーは+330円)

食事にも利用できる絶景カフェ

iL CHIANTI CAFE 江の島《いる きゃんてぃ かふぇ えのしま》

MAP P125B4

地場産魚介をふんだんに使ったパスタやピッツァをはじめ、スイーツやアルコールまで、100種を超えるメニュー展開が魅力。江の島の頂上付近にあり、観光途中にも利用しやすい。
DATA ☎0466-86-7758 住藤沢市江の島2-4-15 交江ノ電江ノ島駅から徒歩25分 時11～20時LO 休無休

カウンター席 54席 ベストタイム 15:00～17:00

遮るものが何もなく眼下に大海原を一望。陽光煌めく昼はもちろん、サンセットも美しい

生シラスどっさりの贅沢な丼

魚見亭《うおみてい》

MAP P125A3

近隣でとれた新鮮な魚介を使った丼や定食など、バラエティ豊かな一品料理が味わえる。開放感あふれるテラス席からは相模湾、伊豆大島、富士山まで見渡すことができる。DATA ☎0466-22-4456 住藤沢市江の島2-5-7 交江ノ電江ノ島駅から徒歩40分 時10時～日没まで 休無休(荒天時休業あり)

カウンター席 13席 ベストタイム 10:00～12:00

生しらす丼1100円。生シラスの風味をしょうが醤油が引き立てる。漁期のみの提供

江の島の 立ち寄りSPOT

イルカやアシカなど、さまざまな生き物に出会える人気の水族館をはじめ、長く人々に親しまれる老舗和菓子店など、みどころを散策しながら満喫したい。

相模湾の魅力が凝縮された水族館

新江ノ島水族館

しんえのしますいぞくかん

MAP P125A1

江の島へ渡る手前にある、通称「えのすい」は、相模湾の自然をテーマにしたさまざまな展示が楽しめる水族館。約8000匹のマイワシが泳ぐ大水槽や、イルカやアシカのパフォーマンス、クラゲの展示など、みどころ満載。海の生き物に癒やされる人気スポットだ。

DATA ☎0466-29-9960 住 藤沢市片瀬海岸2-19-1 交 江ノ電江ノ島駅から徒歩10分 料 入館2400円 時 9〜17時(変動あり) 休 無休(臨時休館あり)

1 イルカやアシカのダイナミックなショーが見られる(毎日2〜4回開催、約20分、入館料のみ) 2 南米アマゾン川流域を中心に分布しているカピバラ。のんびりくつろいでいる姿に癒やされる 3 相模湾ゾーンにある水深6.5mの大水槽。約8000匹のマイワシをはじめ、約90種2万匹の生き物が泳いでいる

磯の香りが広がる和菓子店

中村屋羊羹店

なかむらやようかんてん

MAP P125B3

明治35年(1902)創業。名物の元祖海苔羊羹のほかに焼菓子やまんじゅう、豆乳スイーツのくりいむとうふなど、おみやげにぴったりの商品がずらり。店内には喫茶室も備えている。

DATA ☎0466-22-4214 住 藤沢市江の島2-5-25 交 江ノ電江ノ島駅から徒歩30分 時 9〜18時(季節により変動あり) 休 不定休(荒天時は休業)

海苔の風味がふわりと広がる海苔羊羹、抹茶セット600円でひと休み

地元の人から愛され続ける味

紀の国屋本店

きのくにやほんてん

MAP P125B2

寛政元年(1789)創業の和菓子店。ふわふわの女夫まんじゅうは昔ながらの製法を貫き、職人が手作業で作っているからこそのおいしさ。茶色はつぶ餡、白にはこし餡がたっぷり。DATA ☎0466-22-5663 住 藤沢市江の島2-1-12 交 江ノ電江ノ島駅から徒歩20分 時 8〜18時 休 水曜

しっかりふかしたまんじゅうはふわふわで美味。そのほか、最中や団子、サブレも手作りにこだわる

サクサク最中を手みやげに

井上総本舗

いのうえそうほんぽ

MAP P125B2

江の島にちなんだ和菓子が揃う老舗和菓子店。北海道十勝産の小豆を使い、独自の製法で仕上げた餡がおいしいと評判。名物の女夫《めおと》饅頭1個120円や貝最中は手みやげとしても人気。

DATA ☎0466-22-4640 住 藤沢市江の島2-1-9 交 江ノ電江ノ島駅から徒歩19分 時 10〜17時(季節により変動あり) 休 金曜(祝日の場合は前日)

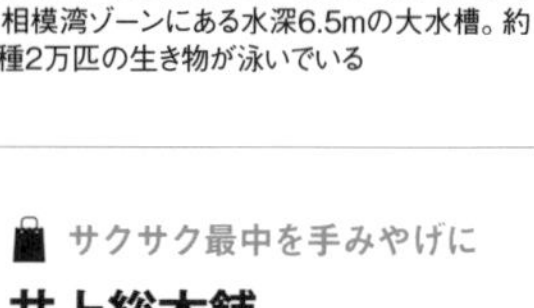

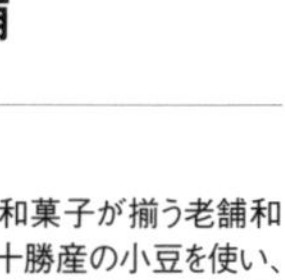

1 アイス最中400円。餡の甘さとサクサクの皮が絶妙。アイスは抹茶、バニラ、小倉の3種、餡はこしあん、つぶあんから選択 2 レトロな雰囲気が漂う店

ひとあしのばして
逗子・葉山

Let's go Zushi & Hayama

逗子・葉山でのんびりてくてく散歩

別荘地としても知られる葉山は、ゆったりとした雰囲気が漂う海街。地元の人が足繁く通うベーカリーや、おしゃれな雑貨店など、潮風を感じながらリゾート感あふれる景色を背景に散策を楽しみたい。

1 眼下に海を望む高台に位置する開放的な敷地には彫刻などの屋外作品も 2 高橋由一《江の島図》1876-1877年 油絵具、カンヴァス 神奈川県立近代美術館蔵 3 1階のレストラン オランジュ・ブルーでは地魚を使ったランチや手作りスイーツが味わえる 4 葉山館地下1階にある美術図書室

生活のなかで美術館に親しむ

1 神奈川県立 近代美術館 葉山

かながわけんりつきんだいびじゅつかん はやま

MAP P99

年4回程度の企画展とコレクション展を開催している。展示室のほか、美術図書室、視聴覚設備のある講堂、収蔵庫など、多様な施設を備えた美術館だ。

DATA ☎046-875-2800 住 葉山町一色2208-1 交 バス停三ケ丘・神奈川県立近代美術館前からすぐ 料 展覧会により異なる 時 9時30分～17時（入館は16時30分まで） 休 月曜（祝日、振替休日の場合は開館）、展示替期間

※2020年6月まで改修工事のため展覧会は休止（予定）

徒歩 20分

徒歩 20分

森戸海岸沿いのパワースポット

2 森戸大明神

もりとだいみょうじん

MAP P99

天下を取った源頼朝が三嶋明神の分霊を勧請したのが始まりと伝えられ、現存する頼朝創建の数少ない神社のひとつ。古来より子宝・安産の篤い信仰があり、多くの参拝者が訪れている。

DATA ☎046-875-2681 住 葉山町堀内1025 交 バス停森戸海岸からすぐ 料 時 休 参拝自由

1 良縁・子宝祈願にご利益がある葉山郷の総鎮守 2 空気の澄んだ日は、神社裏手の海岸から富士山が見える

逗子・葉山へのアクセス

鉄道とバスでの行き方

JR鎌倉駅
JR横須賀線で5分
JR逗子駅
京急バス葉山行きで6分
バス停鐙摺《あぶずり》
1分
バス停葉山マリーナ
3分
バス停森戸海岸
5分
バス停三ヶ丘・神奈川県立近代美術館前

葉山ビーカープリンでおなじみ

③ マーロウ 葉山マリーナ店

まーろう はやままりーなてん

MAP P99

昭和59年（1984）の開業から変わらぬ味を守る、ビーカープリンで知られる名店。プリンは季節限定の味も用意。カフェでは10種以上のプリンが楽しめる。

DATA ☎046-875-0412 ㊟葉山町堀内50-2葉山マリーナ1階 ㊋バス停葉山マリーナからすぐ ㊐10～18時LO ㊡火曜

ドリンク付きのプリンセット1210円。プリンは無添加で素材にこだわる

徒歩25分

雑貨とキュートな焼き菓子のお店

④ Baby's Breath

べいびーず ぶれす

MAP P99

オーナー自ら厳選したアンティーク調の雑貨をメインに、手作りの焼菓子なども販売。多治見焼や有田焼など窯元から直接仕入れる陶器は、リーズナブルで贈り物にも普段使いにも最適。

DATA ☎046-873-5499 ㊟逗子市逗子1-8-34 ㊋JR逗子駅から徒歩3分 ㊐10時30分～18時 ㊡火曜

1 店内のディスプレイもおしゃれで眺めているだけで楽しくなる
2 愛らしいにくきゅう形のクッキー200円

＼ 日曜なら葉山の朝市へ ／

葉山のおいしいものが集結

葉山マーケット 日曜朝市

はやままーけっと にちようあさいち

MAP P99

葉山漁協前で毎週日曜に開催される朝市。葉山の人気スイーツや新鮮な野菜や魚介以外に、人気ベーカリー「ブレドール」のパンや、ワインなども並ぶ。

DATA ☎090-4745-2238 ㊟葉山町堀内50-20 ㊋バス停鐙摺《あぶずり》からすぐ ㊐日曜の8時30分～10時30分（売切れ次第終了、荒天時中止）㊡月～土曜、1月第1日曜、12月最終日曜

リピーターが多い、スモークハウス葉山の燻製。魚のほかタコやタラコなど種類は豊富

鎌倉ステイガイド

首都圏から日帰りで出かけるイメージがある鎌倉にも、オーシャンビューの宿やおしゃれなゲストハウスなど個性的な宿が揃う

リゾートホテル

全室オーシャンビューのエレガントな宿

鎌倉パークホテル《かまくらぱーくほてる》

長谷 MAP P113B3

相模湾沿いに立つ、オーシャンビューのリゾートホテル。イタリア製の家具で統一された客室や、大理石がふんだんに使われたバスルームなど、館内にはゴージャスな雰囲気が漂っている。

DATA ☎090-9990-9532 住 鎌倉市坂ノ下33-6 交 江ノ電長谷駅から徒歩13分 料 1泊2食付2万7480円～ 客室数 46室 URL www.kamakuraparkhotel.co.jp/

1 高級感あふれる広々としたエントランス 2 スタンダードツインでも34㎡と余裕の広さ

リゾートホテル

鎌倉を代表するリゾートホテル

鎌倉プリンスホテル《かまくらぷりんすほてる》

七里ガ浜 MAP P113B3

全室がオーシャンビューというぜいたくな造り。97室ある全客室の窓から、湘南の海の景色を楽しめるのが魅力だ。旬の食材を使うフレンチレストラン、鉄板焼が楽しめる和食の食事処などを備える。

DATA ☎0467-32-1111 住 鎌倉市七里ガ浜東1-2-18 交 江ノ電七里ヶ浜駅から徒歩8分(無料送迎バスあり、予約不要) 料 1泊2食付2万7358円～ 客室数 97室 URL www.princehotels.co.jp/kamakura/

1 相模湾を望むなだらかな丘に立つ 2 ツインルームAは江の島を正面に望む

ゲストハウス

駅近＆好立地、女性優先の宿

鎌倉駅前ゲストハウス 月の宿《かまくらえきまえげすとはうす つきのやど》

鎌倉駅周辺 MAP P120B4

鎌倉駅から約50mにある小さな宿。「女性が一人でも安心して泊まれる宿」をコンセプトに、女性用のアメニティが充実するほか、ドミトリーは常に女性専用。ドミトリー以外の個室なら男性も宿泊可能だ。

DATA ☎090-9990-9532 住 鎌倉市小町1-4-4清和ビル4階 交 JR鎌倉駅東口から徒歩1分 料 素泊まりドミトリー3800円～ 客室数 3室 URL tsukinoyado.com/

1 ドミトリーのベッドは個別カーテン付き 2 リビングからは鎌倉の街並みを望める

クラシカルホテル

かの文豪も愛したレトロホテル

ホテル ニューカマクラ《ほてる にゅーかまくら》

鎌倉駅周辺 MAP P120A4

鎌倉駅西口で約90年続く老舗ホテル。大正時代に建てられた本館は堂々とした造りで、鎌倉市の景観重要建築物に指定されている。小町通りをはじめ、主要な観光スポットに近いので便利だ。 DATA ☎0467-22-2230 住 鎌倉市御成町13-2 交 JR鎌倉駅西口からすぐ 料 素泊まり5500円～ 客室数 23室 URL www.newkamakura.com/

1 クラシックなイメージの本館客室 2 芥川龍之介もよく訪れた歴史あるホテル

※繁忙期や曜日などによっては、ひとりでの宿泊ができない場合がありますので、事前にご確認ください

Hotel List

ゲストハウス

のんびり古民家ステイを満喫

亀時間《かめじかん》

材木座 MAP P121B3

築90年以上の古民家内に2つの個室と1つのドミトリーがある、ノスタルジックな雰囲気の宿泊施設。レンタサイクル1日500円や徒歩3分ほどのところにある材木座海岸散歩も楽しみ。 DATA ☎0467-25-1166 住鎌倉市材木座3-17-21 交JR鎌倉駅東口から京急バス逗子駅行きで10分、九品寺下車すぐ 料素泊まりドミトリー3200円～ 客室数3室 URL kamejikan.com/

ゲストハウス

鎌倉らしい和洋折衷のスタイル

Hostel YUIGAHAMA ＋SOBA BAR《ほすてる ゆいがはま ぷらす そば ばー》

由比ガ浜 MAP P122D2

由比ガ浜大通りにある、古い蔵のような建物をリノベーションしたホステル。客室はドミトリー、ツイン、ダブルの3タイプ。1階のそば店「ふくや 六地蔵」はローカルにも人気。 DATA ☎0467-81-4242 住鎌倉市由比ガ浜2-5-16 交JR鎌倉駅西口から徒歩7分 料素泊まりドミトリー3500円～ 客室数6室 URL hostelyuigahama.com

ゲストハウス

鎌倉ガールの定宿になりそう

女性専用の町宿 ランタン鎌倉《じょせいせんようのまちやど らんたんかまくら》

由比ガ浜 MAP P122D2

女性専用の個室のみで1日2組限定ということもあり、若い女性でも安心。洗顔料や化粧水など、アメニティが充実しているのもうれしい。 DATA ☎070-4520-2200(9～21時) 住鎌倉市由比ガ浜2-2-36 交JR鎌倉駅西口から徒歩5分 料素泊まり4950円～ 客室数2室 URL lantern-kamakura.com/

ビジネスホテル

駅前で鎌倉観光の拠点にピッタリ

ホテル鎌倉mori《ほてるかまくらもり》

鎌倉駅周辺 MAP P120B4

JR鎌倉駅の改札を出て徒歩1分と、鎌倉観光に絶好のロケーション。チェックイン前後も荷物の預かりOK。朝食は和食、洋食、中国料理の3種類から選べる。 DATA ☎0467-22-5868 住鎌倉市小町1-5-21 交JR鎌倉駅東口から徒歩1分 料素泊まり9900円～ 客室数16室 URL kamakuramori.net/

ビジネスホテル

鶴岡八幡宮がすぐ目の前

シャングリラ鶴岡《しゃんぐりらつるおか》

鎌倉駅周辺 MAP P120B2

若宮大路に面しているため、どこへ行くにも便利。1・2階に飲食店やみやげ店が入っているのも観光客にはうれしいポイント。 DATA ☎0467-25-6363 住鎌倉市雪ノ下1-9-29 交JR鎌倉駅東口から徒歩7分 料素泊まり7150円～ 客室数10室 URL なし

ゲストハウス

ゲスト同士の交流が楽しい

WeBase 鎌倉《うぃーベーす かまくら》

由比ガ浜 MAP P122C3

由比ヶ浜の目の前に立つホステル。ドミトリーをはじめ、和室やダブルルームなど客室のタイプが豊富。大浴場やヨガスタジオ、カジュアルなフレンチレストランなど、共用スペースの充実ぶりも魅力。 DATA ☎0467-22-1221 住鎌倉市由比ガ浜4-10-7 交江ノ電由比ヶ浜駅から徒歩3分 料素泊まりドミトリー3500円～ 客室数26室 URL we-base.jp/kamakura

必勝テクニック

楽しいソロタビを満喫するためには、事前のリサーチや手配、準備はしっかりと。
計画の立て方から持ち物、現地での行動術まで、ソロタビのポイントをアドバイス！

TECHNIQUE 1 プランニング & 予約

目的地を決めたら、旅の準備をスタート！ まずは何に乗って向かい、
どこに泊まるかの検討を。すべて自分好みにアレンジできる個人手配か、
リーズナブルで手軽なフリープランかの選択をしよう。

交通手段の決め方・選び方

オトク派のフリープラン こだわり派の個人手配

気ままさや、自分好みの宿選びにこだわるなら、交通手段と宿を別々に予約する個人手配になるが、旅行会社の「出張プラン」や「おひとり様歓迎の宿」などのプランや、交通手段と宿泊がセットになったフリープランを利用したり、航空会社のダイナミックパッケージ*や、交通手段も一緒に予約できる「るるぶトラベル」などの宿泊予約サイトを利用したほうが、旅費が安く抑えられたり、ポイントが貯まるなどお得な場合が多い。

ポイントや注意点

個人手配
個人手配は思いのままに予定を組めるのが魅力だが、デメリットは、フリープランより高くつくこと。LCC やホテルの早割などを上手に利用したい。

フリープランや宿泊予約サイト
選択できる航空便や宿泊施設が限られているほか、プランにより異なるが、予約は出発の 7 日前～前日までのことが多い。また、変更・取消料が発生する時期も個別予約より早い等、条件や制限があるので、よく確認してから申し込もう。

宿と交通手段をセットで予約できる主なサイト
るるぶトラベル　https://rurubu.travel/
JALダイナミックパッケージ　https://www.jal.co.jp/
ANA 旅作　https://www.ana.co.jp/
など。

予算と時間で比較検討 バスやLCC などの手段もチェック

目的地までの手段は、飛行機の場合は羽田空港から、新幹線の場合は新横浜駅から、私鉄や JR 在来線に乗り換えて鎌倉へ向かう。大阪・京都からは夜行バスも利用できる。所要時間、料金、乗り換えの利便性などを比較、旅行期間や予算に合わせて選択しよう。一般的には、高速バス⇨新幹線⇨飛行機の順に所要時間は短く料金が高いが、LCC の利用、各交通機関の早期予約やキャンペーンなどで、かなり安く利用できる場合もある。

ポイントや注意点

鉄道
指定席は出発の 1 カ月前から購入可能。連休などの混雑時期でなければ、時間を決めず自由席利用も気ままでいい。

飛行機
大手航空会社では早期の予約ほど料金がオトクだが、早期予約割引は変更ができないので注意。LCC は受託手荷物・座席指定・フライト変更が別料金のほか、変更や払い戻しなどの条件もそれぞれ異なるので、予約前によく確認を。

高速バス
運賃が安いうえ、路線によっては、2 座席を 1 人で使えるダブルシートや女性専用席を指定できるものもある。長時間の移動となるので、上手に利用したい。

＊：ダイナミックパッケージ＝飛行機やJRなどの交通手段と宿を自由に組み合わせて、予約できるツアー商品

インターネット・通信環境

旅のおともは、やはり携帯 Wi-Fi 環境や充電スポットをチェック

近年は外国人旅行者の増加もあって、多くの宿泊施設で、無料 Wi-Fi が完備されている。宿で調べ物や充電をしておくと安心。それでも、観光や移動中に充電が不足することもあるので、モバイルバッテリーを持っていこう。なお、携帯ショップのほか、一部コンビニや、家電量販店、ネットカフェには、スマホの充電スポットを備えているところもある。いざというときのために覚えておきたい。また、おすすめ観光地を紹介する観光アプリを提供している自治体も多いので、目的地が決まったら調べてみよう。

現地での移動と＋α

観光に便利な交通手段やきっぷ、現地発のガイドツアーも調べよう

コンパクトな観光地なら、レンタサイクルも気の向くままの旅に便利。1日乗車券なども上手に利用したい。街歩きツアーや、観光施設のガイドツアー、体験プログラムなどに参加すれば、より深い旅が楽しめる。予約が必要な場合もあるので、事前に観光協会などに問合せをしておくといい。

そのほか、鎌倉の街巡りバスや、東京発のバスツアーを利用する手もある。効率よく、ひとりでは行きづらい場所にも行くことができる。なお、車の運転は、自信のある場合はともかく、慣れない土地や道路で集中力が分散しがちなので、できるだけ避けたい。

宿の選び方

交通拠点から徒歩5分以内の宿を選ぶ

駅・バスターミナル・繁華街の中心など、旅の交通拠点となる場所から徒歩 5 分以内の宿を選ぼう。到着日・帰着日に荷物を置いて身軽に行動できる。離れた場所になった場合は荷物を送っておくのも一案。宿を選ぶ際には、地図アプリなどを利用して、コンビニの有無など周辺環境をチェックしておこう。駅やバスターミナルなど交通拠点から離れた場所に泊まるのはリゾートホテルや温泉宿など、「滞在」自体を楽しむ場合のみにしたい。

ひとり時間重視かコミュニケーション重視か

「ひとり旅」の時間を楽しむなら、やはりホテルタイプが気ままに過ごせていい。部屋でごはんを食べても侘しくない程度のゆとり（広さ）やおしゃれ感があるとなおよい。

一方、観光重視なら寝るだけと割り切って、進化系カプセルホテルやドミトリーなどもいい。ただ、プライベートスペースが少なく、人の出入りなどが気になる場合も。安全面が気になる女性は、レディースフロアの有無を確認しよう。

旅行者同士の交流や情報交換を楽しみたいなら、ゲストハウスやドミトリーはおすすめ。交流できる共有スペースがあったり、相部屋利用が多いのが特徴だ。鎌倉の主なホテルは P100 を参照。

TECHNIQUE 2

持ち物チェック！

身軽に出かけたいソロタビ。メインのバッグのほか、観光用のサブバッグを用意して。サブバッグは小型ガイドブックやペットボトルが入る程度のサイズが望ましい。

身軽が一番！ パッキング術

POINT 1

メインバッグは極力小さく

盗難防止のためにも、キャリーバッグはトイレの個室に入るサイズがおすすめ。荷物が少なければリュックスタイルもいい。

POINT 2

衣類は小さく丸める

衣類はたたまず１枚ずつ丸めるほうが、取り出しやすくたくさん入る。下着や靴下もまとめて入れずに小さく丸め、隙間を埋めるのに活用。

POINT 3

こわれものは中央に

電化製品などこわれやすいものは、クッション代わりに衣類やタオルなどでくるんで真ん中に入れて、保護しておけば安心だ。

POINT 4

空きスペースを作っておく

買い物をして荷物が増えることも想定し、空きスペースを作っておこう。行き帰りはメインバッグごと宅配便で送ってしまうのもアリだ。

あると便利なもの

旅行に必要なマストアイテムと、あると便利なお役立ちグッズをご紹介。

その１ エコバッグ

ひとりだと忘れ物をしがちなので、荷物はあまり手に持たずに。買ったおみやげや脱いだ上着を入れたりと、何かと活躍する。

その２ 除菌シート・ウェットティッシュ

乗り物や食事処、宿の客室などで、ちょっとした汚れが気になるときにさっとひと拭きできると快適。サブバッグに入れておこう。

その３ 輪ゴム&ふせん

輪ゴムはお菓子の袋を留めたり小物をまとめるのに活用。ガイドブックに目印を付けたり、メモにしたりと、ふせんが役立つ。

その４ クリアファイル&レジ袋

チケットやパンフレット、レシートなどはクリアファイルに入れて持ち帰ろう。レジ袋はゴミ袋にも濡れた物を入れるのにも使える。

その５ マスク&のど飴&ストール

乗り物やホテルでの乾燥対策にマスク、のど飴、水など用意。冷房対策や寒暖差への対応にストールを持ち歩きたい。

持ち物チェック一覧

メインバッグ

- ☐ 衣類
- ☐ 下着・靴下
- ☐ 羽織物
- ☐ 洗面用具
- ☐ 化粧品
- ☐ ハンドタオル／手ぬぐい
- ☐ 日焼け止め
- ☐ 常備薬
- ☐ 折り畳み傘

サブバッグ

- ☐ 現金・クレジットカード
- ☐ スマートフォンなど携帯端末／充電器・モバイルバッテリー
- ☐ カメラ／充電池・充電器
- ☐ 帽子・サングラス
- ☐ ガイドブック
- ☐ ティッシュ
- ☐ ハンドタオル
- ☐ ペン
- ☐ ペットボトル
- ☐ 保険証

TECHNIQUE 3

上手な旅のポイント

何でも自分のペースで気ままに楽しめるソロタビ。安全に充実した旅を楽しむために知っておきたいポイントとは…。

ひとりでも困らない行動術

どうする? ひとりごはん…

ひとりで座りやすいのは、カウンター席。駅近くのお店のモーニングを利用して、観光に出かけるのもおすすめ。朝早くなら人気スポットも比較的人が少なく、歩きやすい。ランチはカフェごはんや丼ものなどひとりでも入りやすいお店が多い。夕食は閉店時間の遅いカフェなどに目ぼしをつけておきたい。宿泊するなら、宿でおすすめを聞くもよし、駅などで名物弁当を買い、部屋で食べるのも気楽でいい。

書店やスーパーをのぞいてみよう

書店には、地元の情報誌や地元ゆかりの作家の作品、その土地を舞台にした小説などのコーナーが設けられていることもあり、旅をより深めるネタが豊富。また、駅近のスーパーや市場をのぞいてみるのも楽しい。ご当地食材を使った惣菜や地域限定商品、地元で愛されるソウルフードのほか、手ごろなおみやげも見つかるかも。

街の概要を把握しよう

地図アプリなどで、位置確認やルートなどは簡単に検索できるが、ひとりの場合は本書の全体図で街の全体像を把握しておくと、行動の際に慌てることが少ない。路線バスに乗って、大体の雰囲気や距離感をつかんでおくのもいいだろう。

便利&オトクな情報収集

観光案内所で地図やクーポンを入手

目的地の駅に着いたら、まずは観光案内所へ。主要駅にはたいてい観光案内所があり、現地ならではの細やかな情報が載った地図やパンフレット類を入手できる。各種施設の割引券やクーポンが付いていることもある。観光スポットまでのアクセスやまわり方なども親切にアドバイスしてくれるので、立ち寄ってみよう。

荷物を預けて、ラクラク観光

鎌倉駅西口にある鎌倉観光協会事務所では、9～17時で手荷物預かりのサービスを行っているので、コインロッカーがいっぱいでも安心。

乗り放題チケットやセット券を活用

目的地が決まったら、観光協会のホームページや自治体のホームページをチェック。1日乗車券などの乗り放題チケット（→ P109）や、複数の乗り物や観光スポットなどのセット券、美術館やグルメなどをはしごすると割安になる共通券などがないかを調べよう。

防犯のための注意点

慎重な行動で、自分の身は自分で守る!

SNSへの写真投稿は、位置情報が入ることがあるので注意して。歩きスマホや地図を見ながら歩くのは危険。カフェやベンチで調べてから歩こう。散策時は貴重品をなるべく持たず、ホテルのセーフティボックスに預けよう。

TECHNIQUE 4

滞在と散策のヒントをチェック!

日程はどうする? どうやって行く? 何を食べる?など、
鎌倉・江の島でのソロタビのポイントはコチラ! 旅のプランニングの参考にしてみて。

旅のプランニングに…

生シラスが食べられるのは3月中旬~12月

神奈川県では1月~3月10日ごろをシラスの禁漁期間と定めており、この時期は名物の生シラスが食べられない。また、荒天時で漁に出られないときも出回らないので要注意。鎌倉駅周辺や江の島周辺に生シラスの提供店が多い。

江の島の食事処(→P94)には地元漁港から直送された生シラスを海鮮丼で味わえる店もある

食べたいカレンダー

- シラス … 4・5・7・10月
- アオリイカ … 5・6・10・11月
- アジ … 6月
- ヒラメ、サザエ … 11~2月

時間をかけてのんびりまわりたいなら1泊するのがおすすめ

古民家をリノベーションしたゲストハウスやオーシャンビューのホテル(→P100)などもあるので、エリアをゆっくり巡りたい人は1泊2日がベスト。2日目は雰囲気のいいカフェで優雅にモーニングを楽しんでもいい。

鎌倉駅西口に立つ老舗ホテル ニューカマクラは素泊まりのみの宿

桜とアジサイ、紅葉のシーズンが人気

春は建長寺や鶴岡八幡宮の桜、初夏は明月院や長谷寺のアジサイ、秋は円覚寺の紅葉など、四季を通じて花々が楽しめる。歴史ある寺社仏閣とのコントラストも見事。アジサイのころには年間最多の観光客が集まる。

鶴岡八幡宮の源氏池。池を囲むように咲き誇るソメイヨシノが見事

見ごろカレンダー

- 桜… 3月下旬~4月上旬
- アジサイ … 6月上旬~7月上旬
- 紅葉 … 11月下旬~12月中旬

※気候条件等により変動します

基本は電車+徒歩 歩きやすい靴で出かけよう

主要の観光スポットの多くは、JR横須賀線の北鎌倉駅と鎌倉駅、および江ノ電の各駅から徒歩圏内にあることが多い。エリアによっては急な坂道があったり、寺社の境内には歩きづらい道があったりするので、履きなれた歩きやすい靴で行くのが正解。

江の島にある景勝地・稚児ヶ淵は、岩場なので足元に注意して

鎌倉・江の島に着いたら…

鎌倉散策でひと休みするなら お店の個性やこだわりが光るカフェへ

文豪に愛されたレトロ喫茶や寺社の境内にたたずむ和カフェ、古民家をおしゃれに改装したリノベカフェ、海カフェ、コーヒーの名店など、鎌倉にはさまざまなこだわりのカフェが点在。甘味や洋菓子などスイーツもハイレベル。

浄妙寺の境内にあるガーデンカフェ・石窯ガーデンテラス（→ P12）

江ノ電の線路沿いに立つ甘味処の無心庵（→ P10）

旅の記念に… 古都ならではのおみやげを買おう

老舗の和雑貨や和洋菓子など、名店の逸品を自分みやげにするのも◎。小町通りや若宮大路には定番みやげ（→ P34）、鎌倉駅西口方面には作家ものを扱うお店が集まる。寺社のお守り（→ P21）もかわいいものが多いので、チェックしてみて。

鎌倉の２大銘菓。豊島屋 本店の鳩サブレー（左）と鎌倉紅谷 八幡宮前本店のクルミッ子（右）（→ P16）

鎌倉の風景や名物をデザインした和雑貨（→ P35）も充実。お気に入りを探そう

ひと足のばして 逗子や葉山を散策するのもおすすめ

ヨットハーバーや海水浴場が点在し、湘南らしい景色が広がる逗子・葉山（→ P98）。老舗の名店や地元で愛されるベーカリー、センスのよい雑貨店などがあり、散策も楽しい。おいしいものがいっぱいの葉山の朝市も訪れたい。

神奈川県立近代美術館 葉山は、海に臨んで立つ開放的な美術館

必ず行きたいのは 鶴岡八幡宮と高徳院の鎌倉大仏

初めての鎌倉で参拝しておきたいのは鶴岡八幡宮（→ P8）と高徳院の鎌倉大仏(→ P70)。鎌倉のシンボルである鶴岡八幡宮は毎年多くの参拝客が訪れる。鎌倉大仏では大仏さまの中に入ることができる胎内めぐりも忘れずに。御朱印集めをしながら散策する人も多い。

源氏の守護神として崇拝されてきた鶴岡八幡宮

鎌倉野菜や地魚など 地元でとれた素材を堪能しよう

鎌倉の特産といえば、鎌倉野菜と相模湾で揚がった新鮮魚介。市中には多くの和食処や懐石料理店があり、旬の野菜や魚を美しい盛り付けで提供。最近ではイタリアンやフレンチなど、さまざまなジャンルで使用されている。

池田丸 稲村ヶ崎店（→ P86）の名物、しらす定食

オーガニック和食を提供する Umi 鎌倉（→ P14）の Umi ランチ

ローカール電車・江ノ電に乗って 鎌倉の海沿いにある街を満喫

相模湾に沿うように走るローカル線、江ノ電（→ P88）はレトロな車体と変化に富んだ車窓風景が魅力。アジサイと江ノ電が一緒に撮影できるスポットもあるので探してみよう。

七里ヶ浜駅や鎌倉高校前駅周辺からは雄大な海を眺められる

TRAVEL INFORMATION

鎌倉・江の島への行き方

主要駅からのアクセス

東京駅	JR 横須賀線 54分／820円			北鎌倉駅	東京から57分／940円	鎌倉駅
新宿駅	JR 湘南新宿ライン 56分／940円			北鎌倉駅	新宿から59分／940円	鎌倉駅
渋谷駅	JR 湘南新宿ライン 50分／820円			北鎌倉駅	渋谷から53分／940円	鎌倉駅
渋谷駅	東急東横線 特急･F ライナー 27分／280円	横浜駅（乗換）	JR 横須賀線 渋谷から1時間5分／590円	北鎌倉駅	渋谷から1時間8分／630円	鎌倉駅
横浜駅	JR 横須賀線 23分／310円			北鎌倉駅	横浜から26分／350円	鎌倉駅
大宮駅	JR 湘南新宿ライン 1時間29分／1270円			北鎌倉駅	大宮から1時間33分／1450円	鎌倉駅
千葉駅	JR 総武快速･横須賀線 1時間36分／1450円			北鎌倉駅	千葉から1時間39分／1610円	鎌倉駅
新宿駅	小田急 快速急行 57分／600円	藤沢駅（乗換）	江ノ電 10分／220円	江ノ島	江ノ電 23分／260円	
東京駅	JR 東海道本線 43分／820円	大船駅（乗換）	湘南モノレール 14分／320円	湘南江の島駅		
新宿駅	小田急線特急「えのしま」 1時間3分／1270円			片瀬江ノ島駅		

※所要時間は標準的なもので、電車により異なります。横浜駅の乗り換えは標準的な乗り換え時間を含みます。
※東急東横線横浜駅～ JR 横浜駅間、小田急藤沢駅～江ノ電藤沢駅間は、離れているので乗り換えに 5 ～ 10 分程度かかります。

■利用のポイント

①鎌倉古寺散策の起点になるのは、JR 横須賀線の北鎌倉駅や鎌倉駅になる。
②湘南新宿ラインは、ほぼ15分ごとに運転。乗り換えなしで北鎌倉・鎌倉駅に行ける逗子行きと、戸塚駅で乗り換えが必要な大船止まりや東海道本線平塚・小田原方面行きがある。
③東急東横線の特急･F ライナーは、あわせて日中15分ごと。横浜駅での乗り換えに時間がかかるが、運賃が安上がり。
④江の島に直行するなら新宿から小田急線で片瀬江ノ島駅へ。ゆったり座って行けるロマンスカー「えのしま号」は、プラス特急料金 630 円。

お得で便利なフリーきっぷ

鎌倉への往復きっぷ+フリー乗車券

■江の島・鎌倉フリーパス(小田急)
小田急新宿駅から…1520円

江ノ電の電車全線と小田急線の藤沢駅〜片瀬江ノ島駅間が乗り降り自由で、出発駅〜藤沢駅間の小田急線は1往復のみ乗車可（途中下車は可能）。沿線の寺や観光施設、店舗で割引等の特典あり。特急利用の場合は別に特急券が必要。有効期間は1日。新宿から小田急線で藤沢へ、江ノ電に乗り換えて鎌倉へ向かう経路は片道910円。単純に往復してもお得だ。小田急線各駅のほか、西武鉄道・相模鉄道・東急田園都市線の主要駅でも発売。

フリー区間 小田急：藤沢駅〜片瀬江ノ島駅間、江ノ電：藤沢駅〜鎌倉駅間

江の島へ直行するならイチオシ!

■1日フリーきっぷ(湘南モノレール)
…610円

湘南モノレール全線が1日乗り降り自由。片道320円なので往復するだけでもモトが取れる。混雑を気にせずに江の島へ直行でき、高い視点から見下ろす風景も楽しめる。沿線の観光施設店舗で割引等の特典あり。湘南モノレール各駅の券売機で発売。

フリー区間 湘南モノレール：大船駅〜湘南江の島駅間

鎌倉で買う1日フリーきっぷ

■1日乗車券のりおりくん(江ノ電)…650円

江ノ電の電車全線が1日乗り降り自由。沿線の観光施設や店舗で割引等の特典あり。江ノ電各駅の窓口や券売機、エリア内主要ホテルなどで発売。

フリー区間 江ノ電：鎌倉駅〜藤沢駅間

■鎌倉・江ノ島パス(JR)…710円

JR線鎌倉駅〜大船駅〜藤沢駅間と、江ノ電全線、湘南モノレール全線が1日乗り降り自由。JR線でアクセスし、江ノ電や湘南モノレールを使って観光してまわるのに最適。JR大船・藤沢・鎌倉・北鎌倉各駅のみどりの窓口や券売機で発売。

フリー区間 JR：鎌倉駅〜大船駅〜藤沢駅間、江ノ電：鎌倉駅〜藤沢駅間、湘南モノレール：大船駅〜湘南江の島駅間

■鎌倉フリー環境手形
「頼朝きっぷ」(鎌倉市観光協会)…600円

江ノ電の鎌倉駅〜長谷駅間と、鎌倉駅東口に発着する江ノ電バス・京急バスの5路線の指定区間が1日乗り降り自由。1月1〜3日は利用できない。寺社や観光施設、店舗で割引等の特典あり。鎌倉市観光総合案内所（鎌倉駅東口）、江ノ電鎌倉駅・長谷駅、京急バス鎌倉駅前案内所、円覚寺売店などで発売。

フリー区間 江ノ電：鎌倉駅〜長谷駅間、江ノ電バス・京急バス：鎌倉駅〜北鎌倉／大塔宮／浄明寺／大仏前／名越間

問合先

JR東日本（お問い合わせセンター）
☎ 050-2016-1600

小田急（お客さまセンター）
☎ 044-299-8200

東急（お客さまセンター）
☎ 03-3477-0109

江ノ島電鉄（鉄道部旅客課）
☎ 0466-24-2713

京浜急行バス（鎌倉営業所）
☎ 0467-23-2553

湘南モノレール（大船駅）
☎ 0467-45-0135

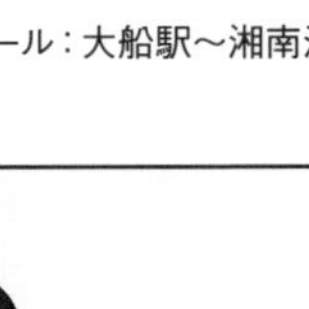

■鎌倉アクセスマップ

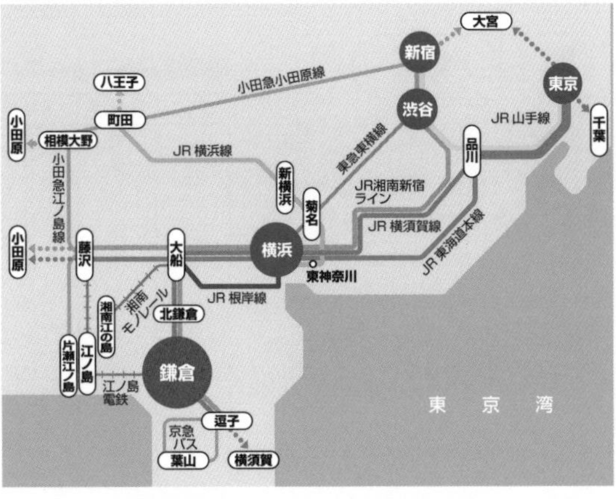

TRAVEL INFORMATION

鎌倉・江の島でのまわり方

鎌倉駅周辺バス・鉄道路線図

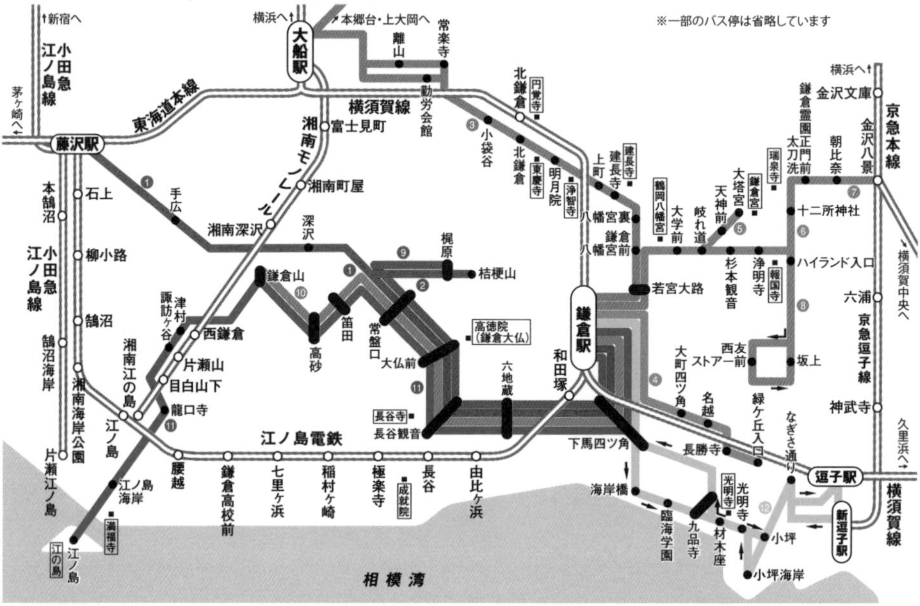

※京浜急行新逗子駅は 2020 年 3 月 14 日より
逗子・葉山駅に変更になります

路線バス

JR 鎌倉駅東口のバスターミナルを起点に、江ノ電バス、京急バスが各方面に運行している。運賃は初乗り180円～(乗降停留所により異なる)。

■鎌倉駅東口からのバス運行表

2019 年 12 月現在

のりば	路線図	系統番号	行き先	便数	運行会社
1	❶	F11	藤沢駅南口	10～15 分ごと	江ノ電バス
	❷	K1	桔梗山	1 日 8～9 便	
2 ※5	❸	N2・K4・A21	大船駅・本郷台駅・上大岡駅	8～30 分ごと	江ノ電バス
3 ※5	❹	鎌31	緑ヶ丘入口	12～30 分ごと	京急バス
4	❺	鎌20	大塔宮（鎌倉宮）	15～20 分ごと	京急バス
5	❻	鎌23	鎌倉霊園正門前太刀洗	15～25 分ごと ※1	京急バス
	❼	鎌24	金沢八景駅	20～60 分ごと ※2	
	❽	鎌36	西友ストアー前	ほぼ 30 分ごと	
6	❾	鎌2・鎌3	梶原	25～60 分ごと	京急バス
	❿	鎌4	鎌倉山	18～45 分ごと ※3	
	⓫	鎌6	江ノ島	平日 11 便 ※4	
7	⓬	鎌40	新逗子駅	15～20 分ごと	京急バス

※ 1）鎌倉霊園正門前太刀洗までは、下記の鎌 24 系統も含め、5 ～ 30 分ごと
※ 2）うち 1 日 4 便はレトロ調バス「りんどう号」で運行。ただし一般車両で運行する場合もあり
※ 3）鎌倉山までは下記の鎌 6 系統も含め、8 ～ 33 分ごと
※ 4）土・日曜、祝日は午前中のみ 4 便運行
※ 5）鎌倉駅東口駅前広場の整備工事のため 2020 年 7 月ごろまで 2 番、3 番のりばは臨時移設されています

レンタサイクル

鎌倉を効率的にまわるのに最適な移動手段。店によってマウンテンバイクや女性にうれしい電動アシスト付き自転車もある（事前に問合せを）。レンタル時には身分証明書の提示が必要。所要時間の目安は、鎌倉駅～銭洗弁財天間約 10 分、鎌倉駅～建長寺間約 15 分、鎌倉駅～鎌倉宮間約 12 分。由比ガ浜から材木座にかけての海岸沿いは、湘南らしい景色だ。なお、歩行者の多い小町通りや、狭い道をバスが走る由比ガ浜通りは避けた方がベター。

■レンタサイクル鎌倉（JR バステック）

普通自転車 1 時間 600 円・1 日 1600 円、電動アシスト 1 時間 1150 円・1 日 2150 円（時期により変更あり）。変速ギア付き（1 日）と江ノ電 1 日乗車券「のりおりくん」（→ P109）がセットになった「のりおりくんセット」2150 円もある。店は JR 鎌倉駅東口と江ノ電長谷駅裏にあり、予約は長谷店のみ可能。長谷店発はプラス 300 円で鎌倉駅前店や江ノ島駅前での乗り捨てもできる。鎌倉駅前店では Suica や PASMO での支払いが可能。予約・問合せは ☎ 0467-24-3944 へ。

●鎌倉駅前店
MAP P120A4
DATA 時 8時30分～17時30分
休 1月1～3日

●長谷店
MAP P123B3
DATA 時 9時30分～17時
休 1月1～3日

江ノ電

鎌倉駅と藤沢駅を結んでコトコト走るかわいい電車（→ P88）。湘南の海辺を走る人気もので、沿線には寺社も点在する。地元住民の生活の足としても、鎌倉観光にも欠かせない。鎌倉駅～藤沢駅間は所要34 分。早朝・深夜を除き12分間隔で運転される。江ノ電の江ノ島駅から江の島の入口（島へ渡る橋のたもと）までは少し離れていて、徒歩 10 分くらいかかるので注意しよう。1 日乗車券（→ P109）も要チェック。なお、休日は鎌倉駅が大混雑し乗りきれない場合も多いので、大船駅から出ている湘南モノレールなどを利用し江ノ島駅からまわる方がよい。

主な観光名所へのアクセス

鎌倉駅から

交通手段	所要時間／運賃	経由	徒歩	目的地
JR 横須賀線	3分／140円	北鎌倉駅	徒歩すぐ	円覚寺
JR 横須賀線	3分／140円	北鎌倉駅	徒歩15分	建長寺
江ノ電バス（N2）大船駅東口交通広場行き、（A21）上大岡駅行き、（K4）本郷台駅行き	7分／180円	建長寺バス停	徒歩すぐ	建長寺
			徒歩10分	鶴岡八幡宮
京急バス（鎌 20）大塔宮行き	8分／200円	大塔宮バス停	徒歩15分	瑞泉寺
京急バス（鎌 23）鎌倉霊園正門前太刀洗行き、（鎌 24）金沢八景駅行き、（鎌 36）ハイランド循環	8分／200円	浄明寺バス停	徒歩3分	報国寺
江ノ島電鉄	5分／200円	長谷駅	徒歩10分	高徳院
江ノ島電鉄	5分／200円	長谷駅	徒歩5分	長谷寺
江ノ島電鉄	23分／260円			江ノ島駅

問合先

京浜急行バス（鎌倉営業所）
☎ 0467-23-2553

江ノ島電鉄（自動車部）
☎ 0466-24-2714

江ノ島電鉄（鉄道部旅客課）
☎ 0466-24-2713

笠間
山王神社
環状4号
鎌倉女子大前
横浜市
栄区
大長寺
砂押橋
鎌倉女子大
西念寺
大船署
岩瀬下関防災公園
鎌倉街道
常楽寺
多聞院
白山神社
上郷市民の森
第one GC
上郷
桂山公園
御嶽神社
矢沢なかよし公園
八軒谷戸
上郷一号緑地
横浜自然
観察の森
瀬上市民の森
護念寺
横浜へ
氷取沢
横浜横須賀道路
金沢支線
磯子区
金沢自然公園
大塚沢
釜利谷
JCT
釜利谷
市民の森
金沢動物園
金蔵院
金沢
市民の森
宮ケ谷
金沢区
禅林寺
自性院
横浜横須賀道路
散在ガ池
森林公園
小袋谷
北鎌倉駅
六国見山
P114-115
円覚寺
鎌倉パブリックG
鎌倉CC
釜利谷署前
白山道中央
関東学院大文学部
釜利谷五号緑地
八景西公園
朝比奈
白山道奥公園
東慶寺
明月院
建長寺半僧坊
浄智寺
P116-117
鎌倉市
建長寺
覚園寺
横須賀線
長寿寺
海蔵寺
六浦緑地
環状4号
銭洗弁財天
宇賀福神社
P118-119
観音堂
荏柄天神社
瑞泉寺
佐助稲荷神社
源氏山公園
鶴岡八幡宮
六浦大道公園
熊野神社
六浦駅
巽神社
浄妙寺
杉本寺
三信住宅入口
浅間神社
佐助一
報国寺
金沢街道
明石橋
金沢八景駅へ
鎌倉市役所
鎌倉駅
妙本寺
本覚寺
松久禅寺
高徳院
下馬
大町四ツ角
逗子市
江ノ島電鉄 P88
和田塚駅
鎌倉署
本興寺
由比ヶ浜駅
久木大池公園
長谷駅
滑川
五所神社
京浜急行
逗子線
九品寺前
小坪七
池子駐在所前
材木座海岸
湘南道路
池子の森自然公園
神武寺駅
久木ハイランド入口
野球場
東昌寺
神武寺
妙光寺
保健センター
P121
第一運動公園
横須賀へ
小坪入口
法勝寺
P99
熊野神社
横須賀線
東逗子駅
小坪寺
逗子駅
葉桜団地
入口
逗子署
五霊神社
池田通り
逗子市役所
横須賀駅へ
披露山公園
高養寺
浪子不動
新逗子駅
（2020年春
「逗子・葉山」に改称予定）
大崎公園
神明社
桜山中央公園
田越橋
逗葉新道PA
逗葉新道
逗葉新道
南郷上ノ山公園
新桜山隧道
長柄トンネル
葉山町
阿部倉山
南郷トンネル
長柄
福厳禅寺
二子山

鎌倉・江の島全体図

鎌倉・江の島全体図
N
0
1km
戸塚区
藤沢バイパス出口
保野別邸庭園
402
関谷インター
312
城廻
戸塚駅へ
本郷台
栄区
横須賀線
根岸線
修道院
小田急江ノ島線
467
藤沢バイパス
外原公園
大船駅
竜宝寺
大船観音寺
翠ケ丘公園
隆昌院
慈眼寺
久成寺
玉縄図書館
清掃事務所入口
柄沢橋
円光寺
伊勢山緑地
藤沢本町駅
遊行寺
302
43
藤沢橋
御幣公園
御所ケ谷公園
第2号御所ケ谷緑地
村岡城址公園
山崎跨線橋南
富士見町駅
皇大神宮
辻堂駅へ
306
藤沢駅
藤沢市役所
湘南モノレール
柏尾川
東海道本線
312
湘南町屋駅
泉光院
昌清院
藤沢駅
小田急江ノ島線
30
藤沢署
合同庁舎
奥田公園
湘南新道
長久保公園
都市緑化植物園
石上駅
湘南深沢駅
鎌倉中央公園
大慶寺
東町
本鵠沼駅
藤沢市保健所
川名Gパーク
手広
三十番神宮
深沢
梶原バス停前
新林公園
桜小路公園
本真寺
柳小路駅
境川
304
引地川
八部球場
藤沢市
江ノ島電鉄
P88
片瀬山入口
青蓮寺
笛田公園庭球場
常盤口
境川橋
鎌倉山
笛田公園
鵠沼伏見
鵠沼海岸駅
鵠沼駅
赤羽
八雲神社前
日の出橋
西鎌倉駅
鵠沼橋
松波
西方公園
P85 RICHARD LE BOULANGER
鵠沼海浜公園
湘南海岸公園
片瀬山駅
湘南海岸公園駅
P100 鎌倉プリンスホテル
長谷寺
常立寺
目白山下駅
P87 お魚亭
134
湘南江の島駅
鎌倉パークホテル
片瀬西浜海水浴場
P84・89 七高通り
P100
江ノ島駅
霊光寺
極楽寺駅
新江ノ島水族館
洲鼻広場
腰越駅
P85 BLUE HORIZON
片瀬江ノ島駅
P86 bills 七里ヶ浜
ヨリドコロ P87
浄泉寺
鎌倉高校前駅
P89
片瀬橋
江の島入口
湘南道路
顕証寺
七里ヶ浜駅
P122-123
小動
鎌倉海浜公園
行合橋
134
稲村ヶ崎駅
江ノ島大橋
P87 アマルフィイ デラセーラ
P85 アマルフィイ ドルチェ
稲村が崎公園前
七里ヶ浜
鎌倉海浜公園 稲村ガ崎地区
P84
湘南港
P87 teddy's bigger burgers
江の島
P85 potatis
稲村ヶ崎温泉
P83
P125
Pacific DRIVE-IN
P86
RESTAURANT MAIN P87
P84 R old furniture
P86 池田丸 稲村ヶ崎店
相模湾
1
2
3
4
A
B

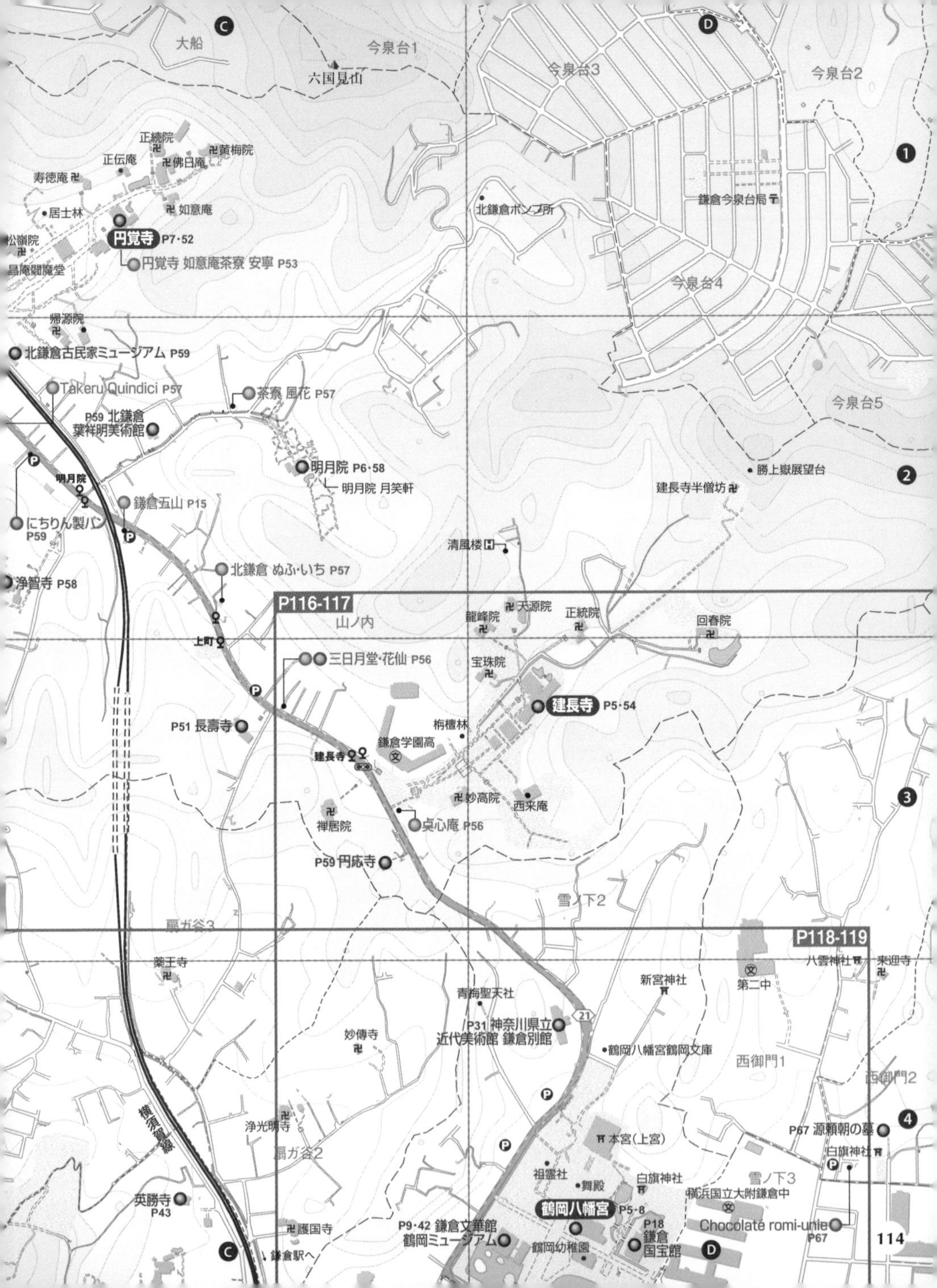
C
大船
今泉台1
六国見山
D
今泉台3
今泉台2
1
正続院
黄梅院
正伝庵
佛日庵
寿徳庵
如意庵
居士林
北鎌倉ポンプ所
鎌倉今泉台局
松嶺院
円覚寺 P7・52
円覚寺 如意庵茶寮 安寧 P53
昌庵閻魔堂
今泉台4
帰源院
北鎌倉古民家ミュージアム P59
Takeru Quindici P57
茶寮 風花 P57
今泉台5
P59 北鎌倉
葉祥明美術館
明月院
明月院 P6・58
明月院 月笑軒
勝上嶽展望台
2
建長寺半僧坊
鎌倉五山 P15
にちりん製パン
P59
清風楼
北鎌倉 ぬふ・いち P57
浄智寺 P58
P116-117
山ノ内
龍峰院
天源院
正続院
回春院
上町
三日月堂・花仙 P56
宝珠院
建長寺 P5・54
P51 長壽寺
梅檀林
鎌倉学園高
建長寺
妙高院
西来庵
3
禅居院
卓心庵 P56
P59 円応寺
雪ノ下2
扇ガ谷3
P118-119
薬王寺
八雲神社
来迎寺
新宮神社
第二中
青梅聖天社
21
P31 神奈川県立
近代美術館 鎌倉別館
妙傳寺
鶴岡八幡宮鶴岡文庫
西御門1
西御門2
横須賀線
浄光明寺
本宮（上宮）
P67 源頼朝の墓
4
扇ガ谷2
白旗神社
祖霊社
舞殿
白旗神社
雪ノ下3
英勝寺
P43
横浜国立大附鎌倉中
鶴岡八幡宮 P5・8
護国寺
P9・42 鎌倉文華館
鶴岡ミュージアム
P18
鎌倉
国宝館
Chocolate romi-unie
P67
鶴岡幼稚園
鎌倉駅へ
C
D

北鎌倉

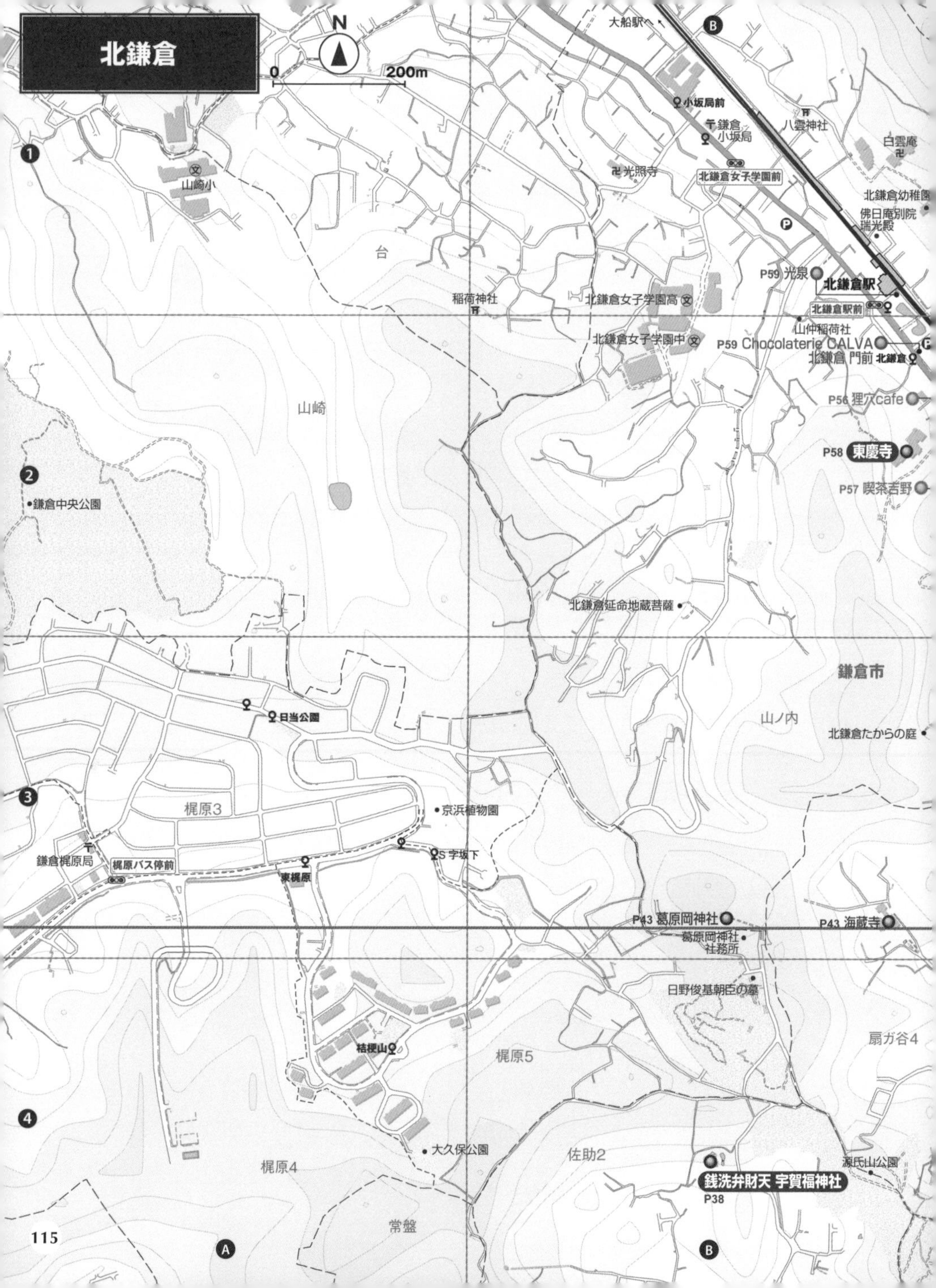
N
0
200m
大船駅へ
B
小坂局前
鎌倉
小坂局
八雲神社
白雲庵
光照寺
北鎌倉女子学園前
山崎小
北鎌倉幼稚園
佛日庵別院
瑞光殿
台
P59 光泉
北鎌倉駅
稲荷神社
北鎌倉女子学園高
北鎌倉駅前
山中稲荷社
北鎌倉女子学園中
P59 Chocolaterie CALVA
北鎌倉 門前
北鎌倉
P56 狸穴cafe
山崎
P58 東慶寺
P57 喫茶吉野
鎌倉中央公園
北鎌倉延命地蔵菩薩
鎌倉市
日当公園
山ノ内
北鎌倉たからの庭
梶原3
京浜植物園
鎌倉梶原局
梶原バス停前
東梶原
S字坂下
P43 葛原岡神社
P43 海蔵寺
葛原岡神社
社務所
日野俊基朝臣の墓
扇ガ谷4
桔梗山
梶原5
大久保公園
佐助2
源氏山公園
梶原4
銭洗弁財天 宇賀福神社
P38
常盤
A
B
1
2
3
4

金沢街道

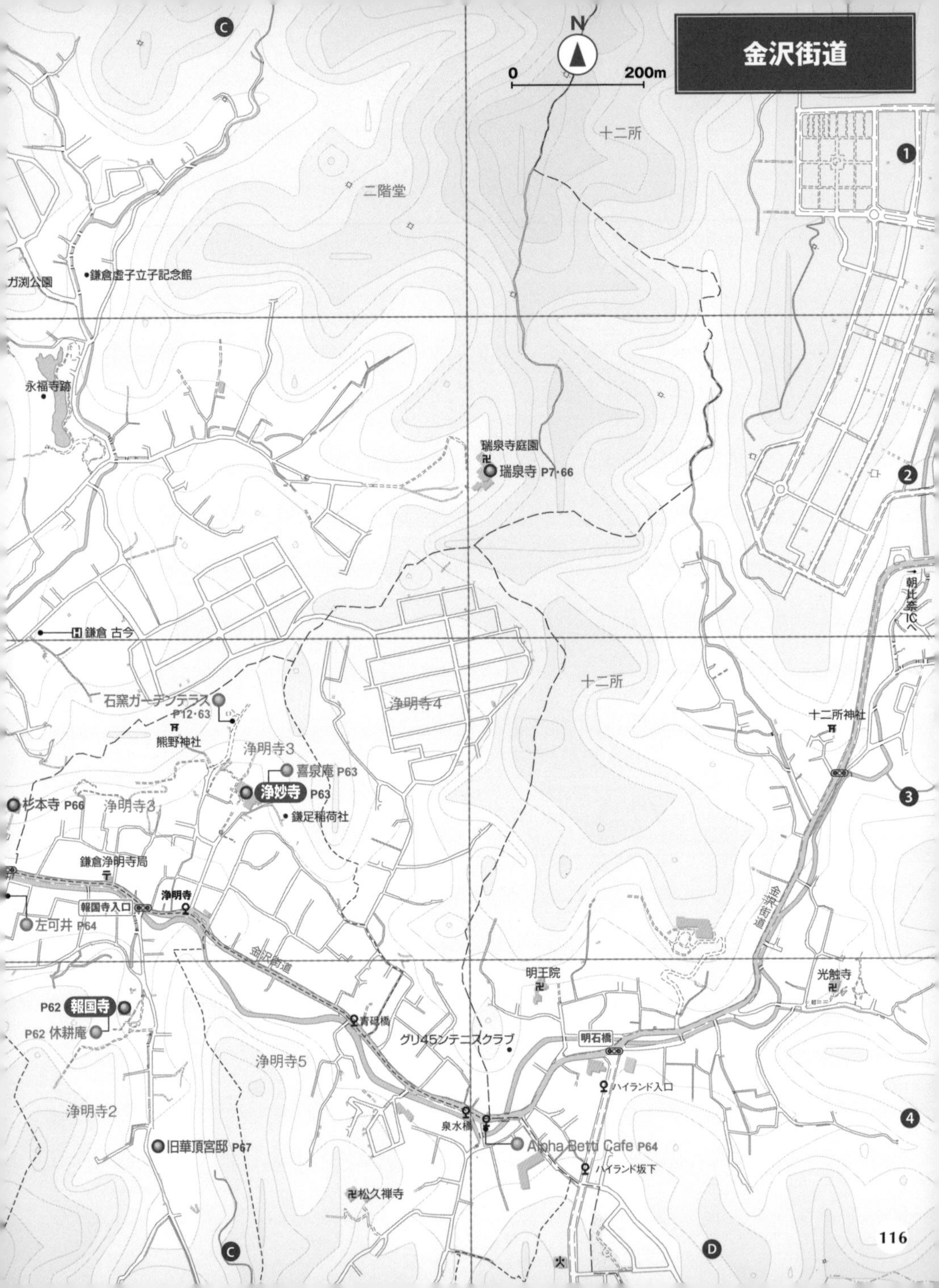
N
0
200m
十二所
二階堂
ガ渕公園
鎌倉虚子立子記念館
永福寺跡
瑞泉寺庭園
瑞泉寺 P7・66
朝比奈IC へ
鎌倉 古今
石窯ガーデンテラス P12・63
熊野神社
浄明寺3
喜泉庵 P63
浄妙寺 P63
鎌足稲荷社
杉本寺 P66
浄明寺3
浄明寺4
十二所
十二所神社
鎌倉浄明寺局
報国寺入口
浄明寺
左可井 P64
金沢街道
金沢街道
明王院
光触寺
P62 報国寺
P62 休耕庵
青砥橋
グリ45ンテニスクラブ
明石橋
浄明寺5
ハイランド入口
浄明寺2
泉水橋
Alpha Betti Cafe P64
旧華頂宮邸 P67
ハイランド坂下
松久禅寺
C
D
1
2
3
4

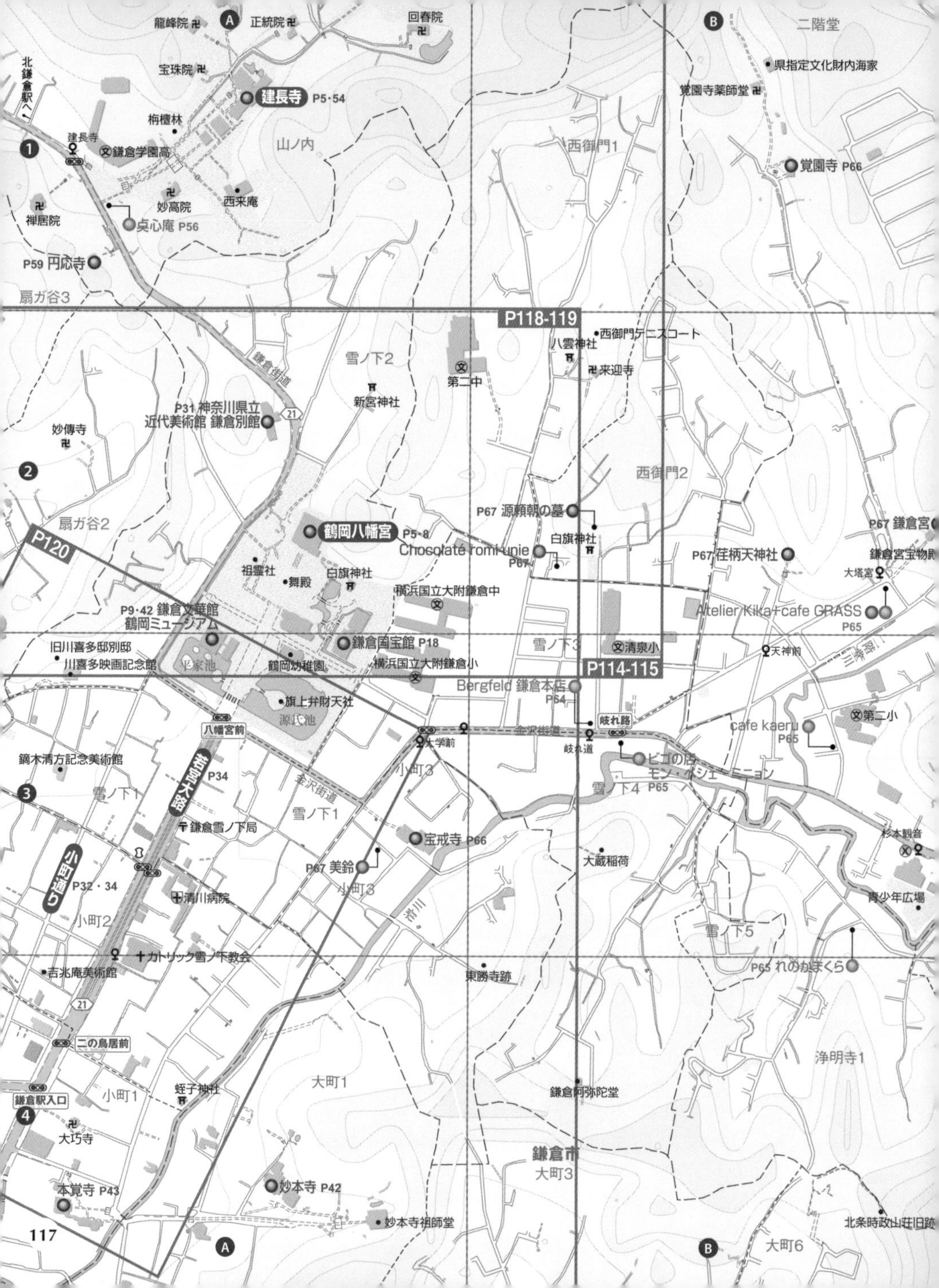

龍峰院
A
正統院
回春院
B
二階堂
北鎌倉駅へ
宝珠院
県指定文化財内海家
建長寺 P5・54
覚園寺薬師堂
栴檀林
山ノ内
西御門1
1
建長寺
鎌倉学園高
覚園寺 P66
禅居院
妙高院
西来庵
卓心庵 P56
P59 円応寺
扇ガ谷3
P118-119
西御門テニスコート
八雲神社
来迎寺
雪ノ下2
鎌倉街道
第二中
新宮神社
P31 神奈川県立
近代美術館 鎌倉別館
21
妙傳寺
2
西御門2
P67 源頼朝の墓
扇ガ谷2
鶴岡八幡宮 P5・8
P67 鎌倉宮
P120
Chocolaté romi-unie
P67
白旗神社
P67 荏柄天神社
鎌倉宮宝物殿
大塔宮
祖霊社
舞殿
白旗神社
横浜国立大附鎌倉中
P9・42 鎌倉文華館
鶴岡ミュージアム
Atelier Kika+cafe GRASS
P65
雪ノ下3
清泉小
旧川喜多邸別邸
川喜多映画記念館
平家池
鶴岡幼稚園
鎌倉国宝館 P18
横浜国立大附鎌倉小
P114-115
天神前
旗上弁財天社
源氏池
Bergfeld 鎌倉本店
P64
第二小
八幡宮前
岐れ路
cafe kaeru
P65
大学前
金沢街道
岐れ道
鏑木清方記念美術館
若宮大路
P34
小町3
ビゴの店
モン・ペシェ・ミニョン
P65
雪ノ下4
3
雪ノ下1
金沢街道
雪ノ下1
杉本観音
鎌倉雪ノ下局
宝戒寺 P66
大蔵稲荷
小町通り
P32・34
P67 美鈴
小町3
清川病院
青少年広場
滑川
小町2
雪ノ下5
カトリック雪ノ下教会
P65 れのかまくら
吉兆庵美術館
東勝寺跡
21
二の鳥居前
浄明寺1
大町1
蛭子神社
鎌倉阿弥陀堂
鎌倉駅入口
小町1
4
大巧寺
鎌倉市
大町3
本覚寺 P43
妙本寺 P42
妙本寺祖師堂
北条時政山荘旧跡
A
B
大町6

北鎌倉駅へ↑
C
北鎌倉駅へ
D
薬王寺
扇ガ谷3
青梅聖天社
第二中
新宮神社
21
P31 神奈川県立
近代美術館 鎌倉別館
妙傳寺
岩船地蔵
扇ガ谷4
西御門1
1
横須賀線
扇ガ谷2
雪ノ下2
浄光明寺
P120
本宮(上宮)
源氏山公園
志一稲荷
祖霊社
舞殿
白旗神社
英勝寺
P43
横浜国立大附鎌倉中
英勝寺
護国寺
P9・42 鎌倉文華館
鶴岡ミュージアム
鶴岡八幡宮 P5・8
鎌倉国宝館 P18
旧川喜多邸
別邸
川喜多映画記念館
寿福寺
平家池
鶴岡幼稚園
横浜国立大附鎌倉小
報国寺へ→
壽福寺
岩窟
不動尊
旗上弁財天社
雪ノ下3
源氏池
八坂大神
八幡宮前
金沢街道
金沢街道
鏑木清方記念美術館
扇ガ谷1
八幡宮
2
雪ノ下1
鎌倉歴史文化交流館
小町通り
若宮大路
鎌倉雪ノ下局
宝戒寺 P66
佐助隧道
巽神社
P32・34
P34
古我邸
P67 美鈴
清川病院
滑川
小町3
小町2
左図
吉兆庵美術館
カトリック雪ノ下教会
東勝寺跡
21
諏訪神社
紀ノ国屋
市役所前
二の鳥居前
市役所前
鎌倉市役所
鎌倉駅
西口
鎌倉駅入口
雪ノ下4
御成町
鎌倉駅
鎌倉駅
東口
大町1
蛭子神社
3
御成小
大巧寺
鎌倉駅
鎌倉郵便局前
フォンフォンシフォン カマクラ
P81
御成小学校前
御成通り
小町1
P74 ミサキドーナツ 鎌倉店
妙本寺 P42
鎌倉市
中央図書館
P36
本覚寺 P43
P74 MIYUKI PAN
妙本寺祖師堂
御成中学校入口
鎌倉市農協連即売所 P46
P75 MAR
鎌倉しふぉん P46
P116-117
北鎌倉燻煙工房 市場店 P46
ビタースイート
P75
下馬
教恩寺
常栄寺
大町3
カトリック
由比ガ浜教会
Walk大町 P46
延命寺
六地蔵
六地蔵
AWkitchen
GARDEN 鎌倉
P74
女性専用の町宿
ランタン鎌倉
P101
八雲神社
大寳寺
由比ガ浜1
311
大町四ツ角
Hostel
YUIGAHAMA+SOBA BAR P101
P47 ニコリ
大町
四ツ角
時宗別願寺
4
第一小
安養院 P48
鎌倉市体育館
日進堂 P49
上行寺
和田塚駅
鎌倉署
鎌倉女学院高
べつばらドーナツ P49
311
大町4
無心庵 P10
大町2
茶房空花 P79
材木座1
本興寺
妙法寺
由比ガ浜2
鎌倉保健所
元鶴岡八幡宮
逗子駅へ
C
D

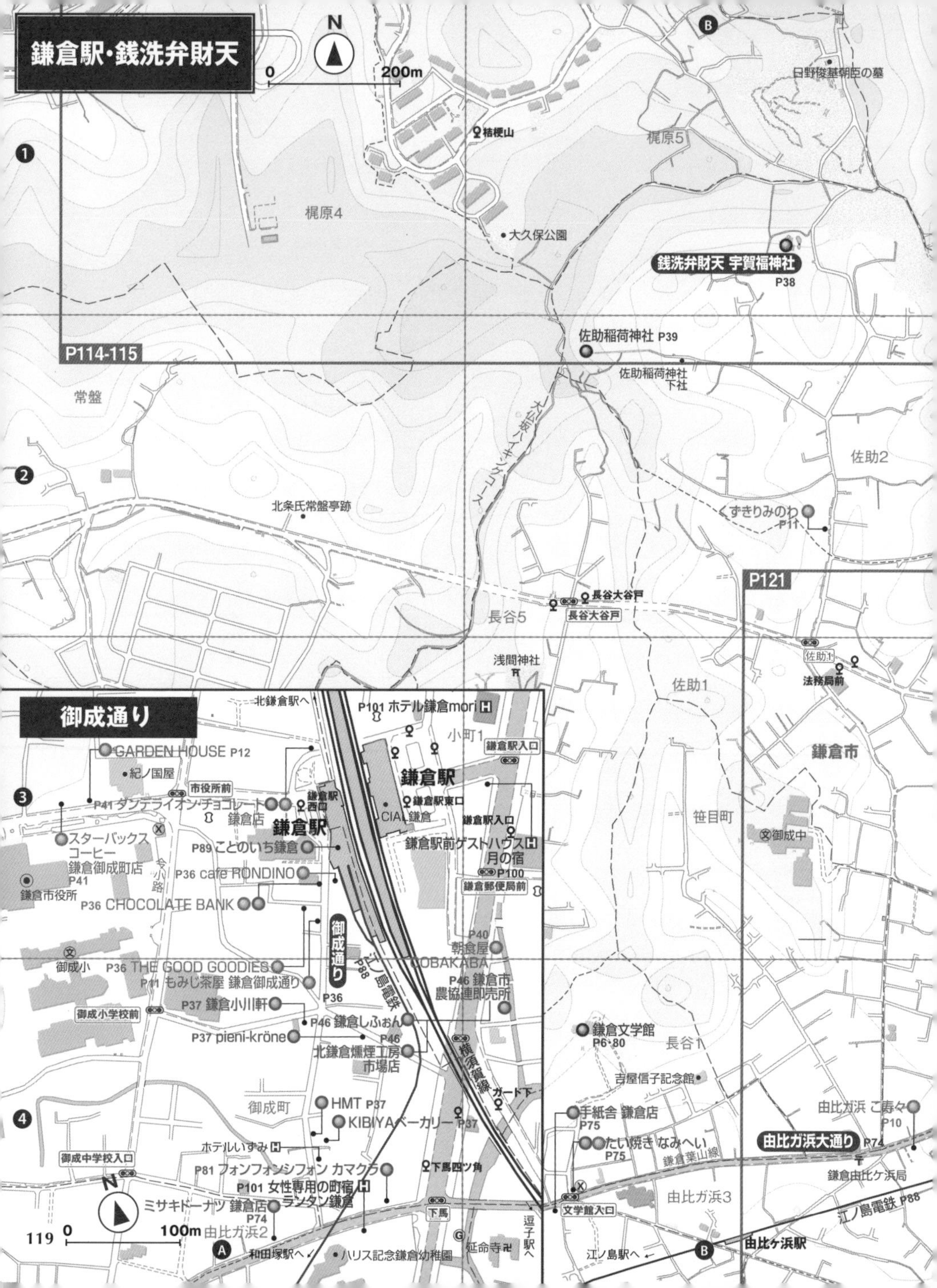

鎌倉駅・銭洗弁財天
N
0
200m
B
日野俊基朝臣の墓
桔梗山
梶原5
梶原4
大久保公園
銭洗弁財天 宇賀福神社
P38
佐助稲荷神社 P39
P114-115
佐助稲荷神社
下社
常盤
大仏坂ハイキングコース
佐助2
北条氏常盤亭跡
くずきりみのわ
P11
P121
長谷大谷戸
長谷大谷戸
長谷5
浅間神社
佐助1
法務局前
鎌倉市
笹目町
御成中
鎌倉文学館
P6・80
長谷1
吉屋信子記念館
手紙舎 鎌倉店
P75
たい焼き なみへい
P75
由比ガ浜 こ寿々
P10
由比ガ浜大通り
P74
鎌倉葉山線
鎌倉由比ケ浜局
由比ガ浜3
江ノ島電鉄 P88
文学館入口
江ノ島駅へ
由比ヶ浜駅
御成通り
北鎌倉駅へ
P101 ホテル鎌倉mori
小町1
鎌倉駅入口
GARDEN HOUSE P12
紀ノ国屋
鎌倉駅
市役所前
鎌倉駅西口
鎌倉駅東口
P41 ダンデライオン・チョコレート
鎌倉店
鎌倉駅
CIAL鎌倉
鎌倉駅入口
スターバックス
コーヒー
鎌倉御成町店
P41
鎌倉市役所
P89 ことのいち鎌倉
鎌倉駅前ゲストハウス
月の宿
P100
今小路
P36 cafe RONDINO
鎌倉郵便局前
P36 CHOCOLATE BANK
御成通り
P88
江ノ島電鉄
P40
朝食屋
COBAKABA
御成小
P36 THE GOOD GOODIES
P11 もみじ茶屋 鎌倉御成通り
P36
P46 鎌倉市
農協連即売所
P37 鎌倉小川軒
御成小学校前
P46 鎌倉しふぉん
P46
P37 pieni-kröne
北鎌倉燻煙工房
市場店
横須賀線
ガード下
御成町
HMT P37
KIBIYAベーカリー P37
ホテルいずみ
御成中学校入口
P81 フォンフォンシフォン カマクラ
下馬四ツ角
P101 女性専用の町宿
ランタン鎌倉
N
ミサキドーナツ 鎌倉店
P74
下馬
0
100m
由比ガ浜2
A
和田塚駅へ
ハリス記念鎌倉幼稚園
延命寺
逗子駅へ

小町通り・若宮大路

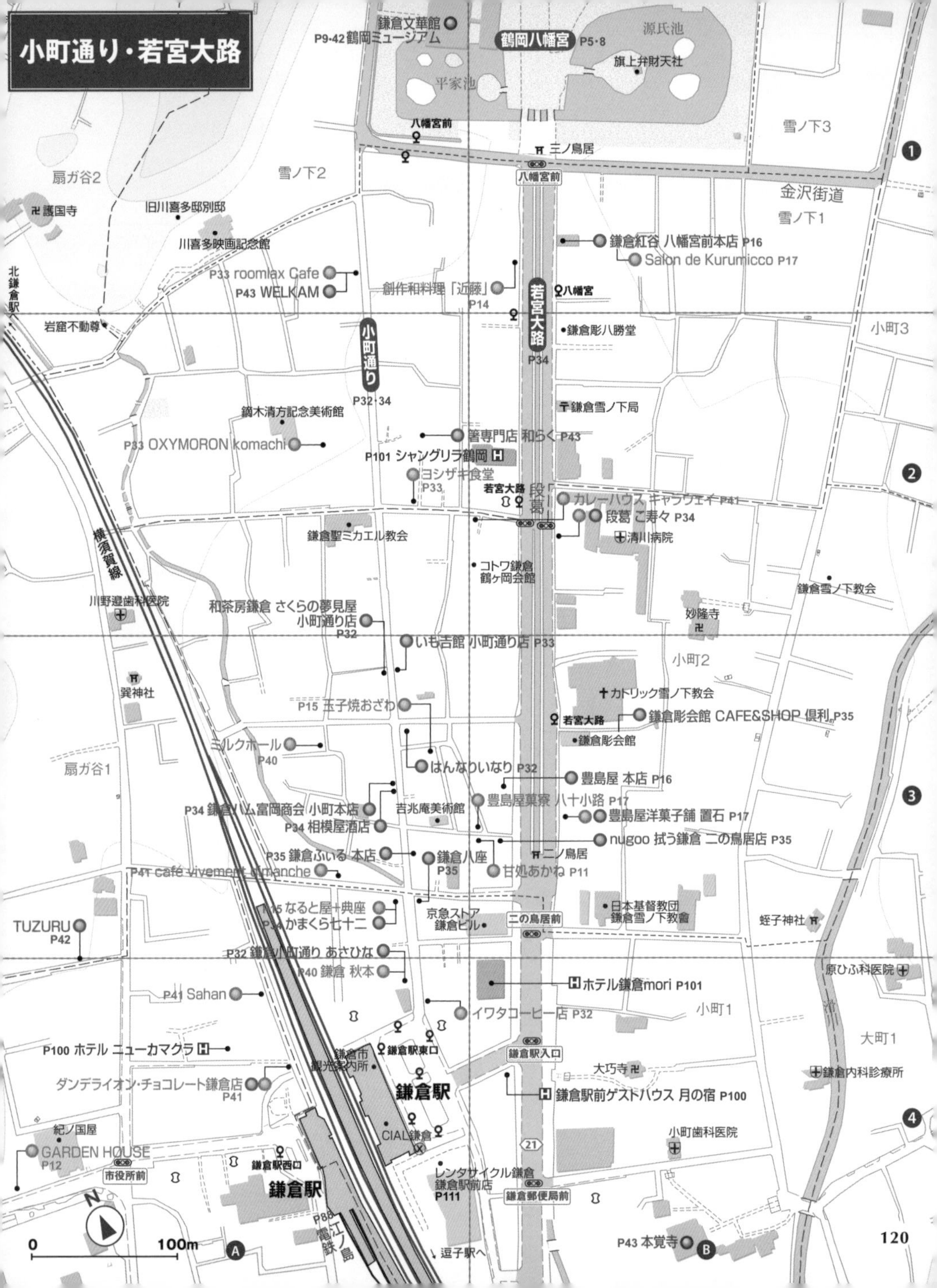

鎌倉文華館
P9・42 鶴岡ミュージアム
鶴岡八幡宮 P5・8
源氏池
旗上弁財天社
平家池
八幡宮前
三ノ鳥居
雪ノ下3
八幡宮前
1
扇ガ谷2
雪ノ下2
金沢街道
雪ノ下1
護国寺
旧川喜多邸別邸
川喜多映画記念館
鎌倉紅谷 八幡宮前本店 P16
Salon de Kurumicco P17
北鎌倉駅
P33 roomlax Cafe
P43 WELKAM
創作和料理「近藤」 P14
若宮大路 P34
八幡宮
鎌倉彫八勝堂
岩窟不動尊
小町3
小町通り P32・34
鏑木清方記念美術館
鎌倉雪ノ下局
P33 OXYMORON komachi
箸専門店 和らく P43
P101 シャングリラ鶴岡
ヨシザキ食堂 P33
2
若宮大路
段葛
カレーハウス キャラウェイ P41
段葛 こ寿々 P34
鎌倉聖ミカエル教会
清川病院
横須賀線
コトワ鎌倉 鶴ヶ岡会館
鎌倉雪ノ下教会
川野還歯科医院
和茶房鎌倉 さくらの夢見屋 小町通り店 P32
妙隆寺
いも吉館 小町通り店 P33
小町2
巽神社
カトリック雪ノ下教会
P15 玉子焼おざわ
若宮大路
鎌倉彫会館 CAFE&SHOP 倶利 P35
鎌倉彫会館
ミルクホール P40
扇ガ谷1
はんなりいなり P32
豊島屋 本店 P16
3
P34 鎌倉ハム富岡商会 小町本店
吉兆庵美術館
豊島屋菓寮 八十小路 P17
P34 相模屋酒店
豊島屋洋菓子舗 置石 P17
nugoo 拭う鎌倉 二の鳥居店 P35
P35 鎌倉ふぃる 本店
鎌倉八座 P35
二ノ鳥居
P41 café vivement dimanche
甘処あかね P11
P15 なると屋+典座
P34 かまくら七十二
京急ストア 鎌倉ビル
二の鳥居前
日本基督教団 鎌倉雪ノ下教會
蛭子神社
TUZURU P42
P32 鎌倉小町通り あさひな
P40 鎌倉 秋本
原ひふ科医院
ホテル鎌倉mori P101
P41 Sahan
イワタコーヒー店 P32
小町1
大町1
P100 ホテル ニューカマクラ
鎌倉市 観光案内所
鎌倉駅東口
鎌倉駅入口
大巧寺
鎌倉内科診療所
ダンデライオン・チョコレート鎌倉店 P41
鎌倉駅
鎌倉駅前ゲストハウス 月の宿 P100
紀ノ国屋
CIAL鎌倉
4
GARDEN HOUSE P12
小町歯科医院
21
鎌倉駅西口
市役所前
レンタサイクル鎌倉 鎌倉駅前店 P111
鎌倉郵便局前
鎌倉駅
N
P88 江ノ島電鉄
0
100m
A
逗子駅へ
P43 本覚寺
B

大町・材木座
北鎌倉駅へ
鶴岡八幡宮へ
小町通り
吉兆庵美術館
カトリック雪ノ下教会
鎌倉彫会館
扇ガ谷1
御成町
佐助1
諏訪神社
市役所前
紀ノ国屋
市役所前
鎌倉駅東口
二の鳥居前
小町1
小町2
小町3
東勝寺跡
P32-34
P120
鎌倉市役所
鎌倉駅西口
鎌倉駅
鎌倉駅入口
蛭子神社
大町1
御成小
御成通り
若宮大路
大巧寺
蛇苦止堂
フォンフォンシフォン カマクラ P81
御成中
御成小学校前
佐助1
鎌倉市中央図書館
P36
P34
本覚寺 P43
妙本寺 P42
妙本寺祖師堂
笹目町
P74 ミサキドーナツ 鎌倉店
鎌倉市農協連即売所 P46
由比ガ浜1
御成中学校入口
ガード下
鎌倉しふぉん P46
P74 MIYUKI PAN
P75 MAR
北鎌倉燻煙工房 市場店 P46
Hostel YUIGAHAMA+SOBA BAR
P101
六地蔵
下馬
教恩寺
常栄寺
P75 ビタースイート
Walk大町 P46
大町3
カトリック由比ガ浜教会
六地蔵
AWkitchen GARDEN 鎌倉
P74
延命寺
八雲神社
大寶寺
大町四ツ角
P74
P79 茶房空花
日進堂 P48
時宗別願寺
由比ガ浜大通り
311
鎌倉市体育館
コトリ P47
安養院 P48
由比ガ浜こ寿々 P10
第一小
鎌倉署
鎌倉女学院高
大町2
上行寺
鎌倉由比ケ浜局
和田塚駅
べつばらドーナツ P49
名越
由比ガ浜2
病院前
江ノ島電鉄 P88
一ノ鳥居
無心庵 P10
鎌倉ヒロ病院
本興寺
妙法寺
名越
由比ヶ浜駅へ
鎌倉保健所
元鶴岡八幡宮
311
由比ガ浜3
元八幡
大町4
額田記念病院
横須賀線
和田塚入口
上河原
P48 安国論寺
材木座1
水道路
海岸橋
鎌倉簡易裁判所
水道路
海岸橋
啓運寺
逗子駅へ
由比ガ浜4
妙長寺
長勝寺
鎌倉海浜公園
鎌倉署
臨海学園
長勝寺
海浜公園前
滑川
AaH bit P47
五所神社
来迎寺会館
来迎寺
材木座2
滑川
材木座5
五所神社
材木座5
mamane P49
MY HONEY P49
梵蔵 自家焙工房 P15
長勝寺
POST by HONEY P13
湘南道路
材木座テラス P47
亀時間 P101
材木座4
134
材木座3
九品寺
九品寺前
鎌倉市
材木座海水浴場
九品寺
P122-123
材木座海岸
補陀洛寺
相模湾
材木座
FEEL ALOHA Café Zaimokuza P49
秋葉山三尺坊大権現
光明寺
千手院
材木座6
小坪7
光明寺 P48
蓮乗院
第一中
飯島
南ケ丘団地入口
N
0
200m
A
B
1
2
3

P11 くずきりみのわ
佐助2
北鎌倉駅へ↑
鶴岡八幡宮へ↑
P121
扇ガ谷1
佐助デンタルクリニック
御成町
小町2
カトリック
雪ノ下教会
佐助1
佐助1
法務局前
吉兆庵
美術館
小町通り
若宮大路
税務署
諏訪神社
紀ノ国屋
P32·34
P34
市役所前
市役所前
鎌倉駅西口
二の鳥居前
P120
鎌倉市役所
鎌倉駅
鎌倉駅
鎌倉駅東口
鎌倉駅入口
大巧寺
御成小
御成中
鎌倉市
御成通り
鎌倉郵便局前
御成小学校前
今小路
鎌倉市
中央図書館
本覚寺 P43
P36
フォンフォンシフォン カマクラ
P81
鎌倉市農協連即売所 P46
御成中学校入口
小町1
笹目町
女性専用の町宿 ランタン鎌倉
P101
P74 MIYUKI PAN
ガード下
鎌倉しふぉん P46
下馬四ツ角
北鎌倉燻煙工房
市場店 P46
Hostel YUIGAHAMA+SOBA BAR
P101
六地蔵
下馬
教恩寺
P75 ビタースイート
大町1
鎌倉キリスト教会
延命寺
Walk大町 P46
P75 MAR
カトリック由比ガ浜教会
六地蔵
やまか
横須賀線
コトリ P47
日進堂 P49
吉屋信子記念館
AWkitchen
GARDEN 鎌倉 P74
由比ガ浜1
P74 ミサキドーナツ 鎌倉店
大町2
由比ガ浜 こ寿々 P10
第一小
大町四ツ角
鎌倉市体育館
長谷東町
笹目
無心庵 P10
茶房空花 P79
P49 べつばらドーナツ
由比ガ浜2
鎌倉女学院高
鎌倉署
由比ガ浜大通り
鎌倉由比ケ浜局
和田塚駅
病院前
P74
江ノ島電鉄 P88
鎌倉彫工芸館
跡部歯科クリニック
一ノ鳥居
鎌倉ヒロ
病院
由比ヶ浜駅
鎌倉保健所
本興寺
元鶴岡八幡宮
由比ガ浜3
若宮大路
かいひん荘鎌倉
逗子駅へ
鎌倉 松原庵 P78
篠田邸(旧村田邸)
上河原
和田塚入口
由比ガ浜4
海岸橋
鎌倉簡易裁判所
材木座1
WeBase 鎌倉 P101
海岸橋
水道路
松光山啓運寺
材木座3
鎌倉静養館
鎌倉署
鎌倉海浜公園
海潮山
妙長寺
臨海学園
材木座2
沼田小児科
内科医院
由比ケ浜
海浜公園前
134
滑川
滑川
由比ヶ浜海水浴場
AaH bit P47
材木座5
材木座5
mamano
P49
梵蔵 自家挽工房
P15
材木座4
湘南道路
材木座海岸
材木座テラス P47
鎌倉材木座局
亀時間 P101
MY HONEY P49
POST by HONEY
P13
内裏山九品寺
材木座海水浴場
九品寺前

長谷・鎌倉大仏

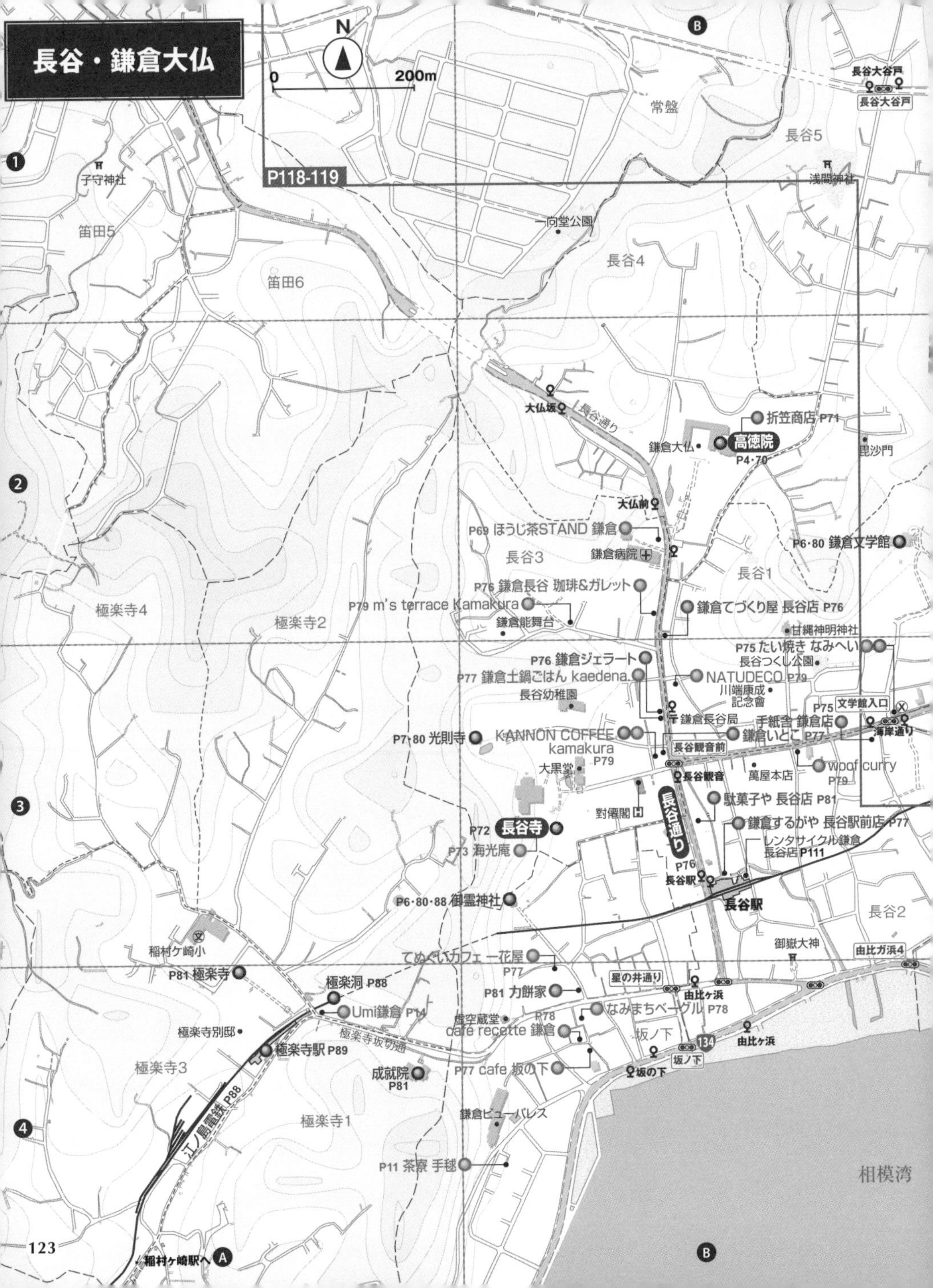

N
0
200m
P118-119
子守神社
笛田5
笛田6
一向堂公園
常盤
長谷5
浅間神社
長谷大谷戸
長谷4
極楽寺4
極楽寺2
極楽寺3
極楽寺1
長谷3
長谷1
長谷2
大仏坂
長谷通り
折笠商店 P71
鎌倉大仏
高徳院
P4・70
毘沙門
大仏前
P69 ほうじ茶STAND 鎌倉
鎌倉病院
P6・80 鎌倉文学館
P76 鎌倉長谷 珈琲&ガレット
P79 m's terrace Kamakura
鎌倉能舞台
鎌倉てづくり屋 長谷店 P76
甘縄神明神社
P75 たい焼き なみへい
長谷つくし公園
P76 鎌倉ジェラート
P77 鎌倉土鍋ごはん kaedena.
NATUDECO P79
長谷幼稚園
川端康成記念會
鎌倉長谷局
文学館入口
P75
手紙舍 鎌倉店
海岸通り
P7・80 光則寺
KANNON COFFEE kamakura
P79
鎌倉いとこ P77
長谷観音前
長谷観音
大黒堂
萬屋本店
woof curry P79
駄菓子や 長谷店 P81
対僊閣
P72 長谷寺
鎌倉するがや 長谷駅前店 P77
P73 海光庵
レンタサイクル鎌倉 長谷店 P111
P76
長谷駅
P6・80・88 御霊神社
御嶽大神
由比ガ浜4
稲村ケ崎小
てぬぐいカフェ一花屋 P77
P81 極楽寺
極楽洞 P88
星の井通り
P81 力餅家
由比ヶ浜
Umi鎌倉 P14
虚空蔵堂
P78
なみまちベーグル P78
極楽寺別邸
cafe recette 鎌倉
坂ノ下
134
極楽寺坂切通
極楽寺駅 P89
成就院 P81
P77 cafe 坂の下
江ノ島電鉄 P88
鎌倉ビューパレス
P11 茶寮 手毬
相模湾
稲村ケ崎駅へ

江の島
N
0
100m
片瀬海岸1
江ノ島駅へ
江の島弁天橋
江の島大橋
江ノ島
恵比壽屋
EMC江ノ島
モーターボートクラブ
延命寺
しらす問屋とびっちょ 江の島本店 P94
湘南港
岡本造船所
江ノ島工場
かながわ女性センター
江の島ヨットハーバー
藤沢市
江の島1
小田急ヨットクラブ
湘南海上保安署
湘南港桟橋
C
D
1
2
3
4

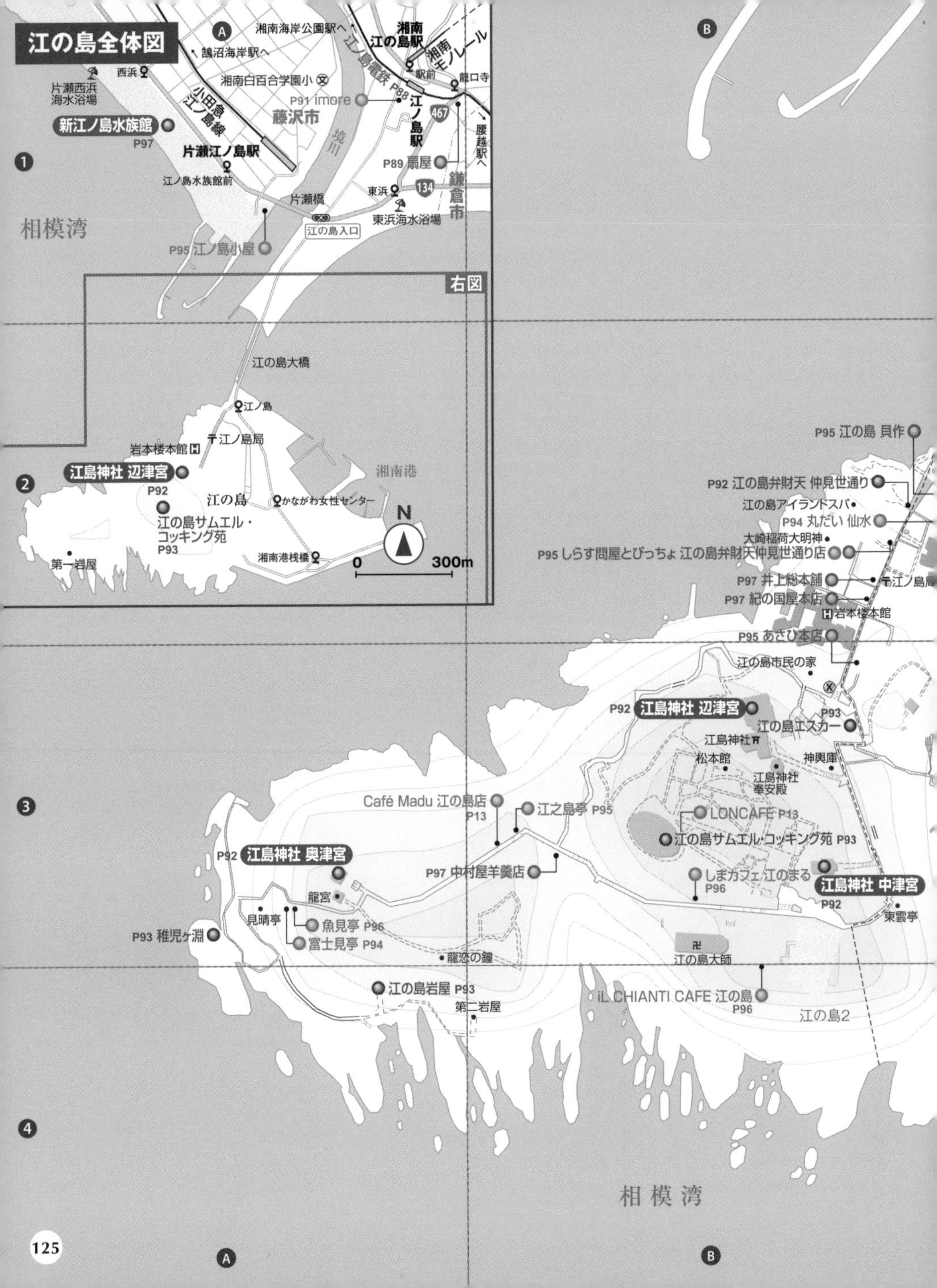
江の島全体図
A
B
湘南海岸公園駅へ
鵠沼海岸駅へ
湘南江の島駅
湘南モノレール
江ノ島電鉄 P88
駅前
龍口寺
西浜
片瀬西浜海水浴場
湘南白百合学園小
P91 imore
藤沢市
小田急江ノ島線
新江ノ島水族館
P97
境川
江ノ島駅
467
腰越駅へ
片瀬江ノ島駅
P89 扇屋
江ノ島水族館前
東浜
134
鎌倉市
片瀬橋
東浜海水浴場
江の島入口
相模湾
P95 江ノ島小屋
右図
江の島大橋
江ノ島
江ノ島局
岩本楼本館
江島神社 辺津宮
P92
湘南港
江の島
かながわ女性センター
江の島サムエル・コッキング苑
P93
N
第一岩屋
湘南港桟橋
0
300m
P95 江の島 貝作
P92 江の島弁財天 仲見世通り
江の島アイランドスパ
P94 丸だい 仙水
大崎稲荷大明神
P95 しらす問屋とびっちょ 江の島弁財天仲見世通り店
P97 井上総本舗
江ノ島局
P97 紀の国屋本店
岩本楼本館
P95 あさひ本店
江の島市民の家
P92 江島神社 辺津宮
P93
江の島エスカー
江島神社
松本館
神輿庫
江島神社 奉安殿
Café Madu 江の島店
P13
江之島亭 P95
LONCAFE P13
江の島サムエル・コッキング苑 P93
P92 江島神社 奥津宮
P97 中村屋羊羹店
しまカフェ江のまる
P96
江島神社 中津宮
P92
東雲亭
龍宮
見晴亭
魚見亭 P96
P93 稚児ヶ淵
富士見亭 P94
龍恋の鐘
江の島大師
江の島岩屋 P93
第二岩屋
iL CHIANTI CAFE 江の島
P96
江の島2
1
2
3
4
相模湾

●食事処・カフェ

●社寺

●見る

●泊まる・温泉

●買う

ひとり旅って、こんなに楽しい!

ソロタビ 鎌倉・江の島

2020年1月15日　初版印刷
2020年2月1日　初版発行

編集人　金井美由紀
発行人　今井敏行
発行所　JTBパブリッシング
印刷所　JTB印刷

企画・編集	国内情報事業部
表紙デザイン	フラミンゴ・スタジオ
本文デザイン	BEAM K&Bパブリッシャーズ
取材執筆	K&Bパブリッシャーズ 佐道眞左 遠藤優子 松本光子 間貞麿
編集協力	相川裕一
撮影・写真	K&Bパブリッシャーズ 瀧渡尚樹 PIXTA JTBパブリッシング 関係各施設・市町村
イラスト	ヤマグチカヨ
地図	ゼンリン　ジェイマップ K&Bパブリッシャーズ

JTBパブリッシング
〒162-8446　東京都新宿区払方町25-5
編集:03-6888-7860
販売:03-6888-7893
https://jtbpublishing.co.jp/

Printed in Japan
193282　760600
ISBN　978-4-533-13873-7　C2026

●本誌に掲載した地図の作成に当たっては、国土地理院長の承認を得て、同院発行の50万分1地方図、2万5千分1地形図及び電子地形図25000、数値地図50mメッシュ（標高）を使用した。（承認番号　平29情使、第444-1226号/平29情使、第445-641号）●本誌掲載のデータは2019年11月末日現在のものです。発行後に、料金、営業時間、定休日、メニュー等の営業内容が変更になることや、臨時休業等で利用できない場合があります。また、各種データを含めた掲載内容の正確性には万全を期しておりますが、おでかけの際には電話等で事前に確認・予約されることをお勧めいたします。なお、本誌に掲載された内容による損害等は、弊社では補償いたしかねますので、予めご了承くださいますようお願いいたします。●本誌掲載の料金は、原則として取材時点で確認した消費税込みの料金です。また、入園料などは、特記のないものは大人料金です。ただし各種料金は変更されることがありますので、ご利用の際はご注意ください。　●定休日は、原則として年末年始・お盆休み・ゴールデンウィーク・臨時休業を省略しています。●本誌掲載の利用時間は、特記以外原則として開店（館）～閉店（館）です。ラストオーダーや入店（館）時間は通常閉店（館）時刻の30分～1時間前ですのでご注意下さい。●本誌掲載の交通表記における所要時間はあくまでも目安ですのでご注意ください。また、公共交通機関の運賃は、ICカード乗車券をご利用の場合、一部のエリア・会社で運賃が異なる場合があります。●本誌掲載の温泉の泉質・効能は源泉のもので、個別の浴槽のものではありません。各施設からの回答をもとに原稿を作成しています。●本誌掲載の宿泊料金は、原則としてシングル・ツインは1室あたりの室料です。1泊2食、1泊朝食、素泊に関しては、1室1名で宿泊した場合の1名料金です。料金は取材時点での消費税率をもとに、諸税、サービス料込みで掲載しています。季節によって変動しますので、お気をつけください。

ソロタビ（国内）
760600